다니엘

한 유대인 포로의
일대기

다니엘

김종수 지음

한 유대인 포로의 일대기

바이북스†
ByBooks

신흥 왕국의 수도와 전승 퍼레이드

전쟁이 끝나면 승자와 패자가 나누인다. 고대 전국 시대에는 늘 전쟁이 일어났고 주변의 여러 나라를 정복하고 승자가 되면 제왕이라는 칭호를 받았다. 주전(B.C.) 605년 젊은 나이에 이런 칭호를 받으며 환호하는 백성들의 환영 속에 한 영웅이 역사가 오랜 바벨론 성에 입성했다. 그가 바로 바빌로니아 제국의 느브갓네살(Nebuchadnezzar) 왕이었고 당시 28세의 젊은 청년 영웅이었다.

그는 오랫동안 중근동의 많은 나라를 지배했던 앗시리아 제국을 공격해서 무너뜨리고 그 대신 새로운 제국을 이루었던 인물이다. 그는 남방의 강국 이집트의 대군까지 파죽지세로 무찌르고 나서 전승의 왕으로 바벨론 성으로 개선했다. 그가 탄 대형 전차의 뒤를 이어 긴 군사 행렬이 따랐다. 일단의 갈대인 정예부대가 화려한 부족의 깃발을 날리며 왕을 뒤따랐고, 이어서 메데 나라의 군사, 페르시아 나라의 군사들이 독특한 고깔 전투모와 복장을 하고 입성했고, 그 뒤를 이어 젊은 영웅의 수하에서 갈그미스(Carchemise) 전투에 참가했던 연합군의 모든 군사들이 각국의 요란스런 깃발을 세우고 성 안으로 들어왔다. 끝도 없는 군대의 행렬에 이어 전승 기념물을 실은 수레가 줄줄이 들어섰다.

그 마지막 수레는 예루살렘 성전 보물을 가득 담은 황금마차였다. 별다른 저항 없이 항복했던 유대 왕이 특별하게 금칠을 해서 만든 번쩍거리는 마차였다. 마차 안에는 유대인 성전에서 가져온 금은 제기와 다른 보물들이 가득했다. 황금마차의 뒤를 젊은 유대인 소년들이 뒤따라 들어왔다. 이들 소년들은 유대에서 잡혀온 포로였다. 포로들 틈에는 유대의 왕족 '다니엘'이라는 소년도 있었다.

모든 행렬이 성 안 중앙 광장에 설치한 거대한 동물상 앞에 열을 지어 멈추었다. 그것은 청년 제왕이 자신에게 승리를 다짐하는 승리의 화신으로 또 그를 보호하는 호위 무신으로 섬기는 마르덕(Marduk)이라는 험상궂은 동물 신상이었다.

〈다니엘서〉 소개

한 유대인 소년이 적국에 포로로 끌려가 일생을 살며 자신이 겪었던 여러 사건을 자서전 형식으로 기록했던 책이다. 그는 '전승 퍼레이드'에서 예루살렘 성전의 보물을 신고 등장했던 황금 수레 뒤를 따랐던 유대 포로들 가운데 하나였다. 그는 야심과 포부로 가득 찬 느브갓네살 왕의 특별 배려로 3년 동안 바벨론 성에서 제국의 전통적 교육을 받고 갑자기 왕의 궁중 신하로, 그것도 최고의 관리로 발탁되어 일생을 그곳에 살면서 당대의 영웅이던 바벨론 왕을 최측근에서 도왔다. 그런 까닭에 이 책은 성경의 일부이면서 동시에 고대 바빌로니아 제국과 그 후 메데와 페르시아 왕국에 관한 유일한 역사책이고 이들 나라를 다스렸던 왕들의 진솔한 얘기이다.

여기까지 보면 이 책은 다른 성경 인물이나 고대의 역사책과 크게 다른 점이 없지만, 여러 사람들이 읽고 큰 영감을 받을 뿐만 아니라 어려운 역사적 변동기에는 많은 사람들이 옆에 두고 탐독하며 위로를 얻고 지혜와 명철을 얻는 책이 되었다. 이 가운데 대표적인 인물이 바로 기독교의 주인공인 예수 그리스도이다.

〈다니엘서〉는 크게 전반부와 후반부로 두 부분으로 나눌 수 있다. 특히 책 속에서 여러 주제가 시간적인 선후 순서를 꼭 따르지 않고 꿈과 환상의 형식으로 나타났다. 꿈과 환상의 특징은 세상에 보내는 일종의 암호 메시지인 까닭에 사람들이 그것의 정확한 뜻을 이해하기는 매우 어렵다. 고대 세계에서 이런 신비한 초현실적인 꿈이나 이상을 해석하기 위해서 현자(Wiseman)라는 이름으로 많은 점쟁이나 점성술 박사들이 있었다. 이들은 천체의 구조나 별 자리를 연구하던 천문학자들이었다. 다니엘은 북방 나라에 살면서 여러 왕들과 이런 당대의 현자들에게 천지를 다스리는 유일한 하나님을 소개했고 그 존재를 일생 그의 삶으로 증명했던 사람이다.

다니엘보다 5백 년이 지나서 이 땅에 온 하나님의 아들 예수 그리스도가 자신을 표현할 때 썼던 '인자(Son of man)'라는 말은 다니엘이 먼저 사용했다는 사실과 그가 또 다니엘의 이름을 특별히 지적하며 그의 글을 인용하며 '세상의 종말'을 설명했던 사실(마24: 15절)에서 그 중요성을 아무리 강조해도 지나치지 않는다.

전반부(1~6장): 세상 얘기, 승자와 패자

〈다니엘서〉의 전반부 주인공은 둘이다. 유대 왕국에서 포로로 끌려온 다니엘이라는 소년과 이 소년을 일종의 전리품으로 잡아온 느브갓네살 왕이다. 그러나 인간의 눈으로는 볼 수 없어도 이들 세상의 주인공을 선택하고 인도하는 주인이 따로 있고 그는 이들을 사용해서 제국을 그리고 시대를 이끌어 간다는 사실이 바로 전반부의 줄거리이다. 그는 바빌로니아 왕국의 느브갓네살 왕을 중근동 고대의 한 세상 지배자로 불러서 이스라엘 민족의 타락과 성전 만능주의를 경고하는 역사적 사건에 사용했던 것이다. 다니엘은 왕궁에 도착해서 곧 느브갓네살 왕에게 이런 사실을 증명했고 곧 갈대아 신들을 따르던 왕이 처음으로 유대 포로 다니엘이 믿는 이스라엘의 신을 신들의 신으로 인정토록 만들었다.

후반부(7~12장): 예언, 성전 파괴와 마지막 대환란

다니엘은 바빌로니아 왕국이 무너지고 나서 무려 5백여 년 동안 일어날 중근동 지역의 여러 고대 왕국들의 전쟁과 정복 역사를 환상 속에서 보았고 천사의 설명을 듣고 그것을 후반부에 기록했다. 그는 여러 왕국과 왕들이 벌였던 음모와 전쟁 그리고 지리적으로 이들의 전쟁 한가운데 있던 예루살렘 성과 성전 그리고 유대 민족이 겪은 침략과 참혹한 환란을 환상으로 보았다. 다니엘이 고통 가운데 보았던 유대 민족의 환란은 실상은 앞으로 하나님을 믿는 민족과 백성이 말세에 당할 환란을 미리 예고하는 하늘의 메시지였고 또 고대 왕국들과 그들의 강력했던 왕은 말세에 나타날 사탄과 적그리스도의 세력을 암시하는 것이었다.

후반부의 두 주인공은 자연히 하나님을 믿는 백성들과 세상 권력과 그 세력이고, 이들 두 주인공의 배후에는 다시 올 하나님의 독생자 예수 그리스도와 하늘나라에서 지상으로 쫓겨난 사탄과 그를 따르는 적그리스도의 무리들이라는 사실이다. 후반부의 결론은 두 세력의 전쟁에서 과연 누가 마지막 승자인지를 명백하게 보여주고 있다.

차례

1부 : 이야기
승자와 패자 다니엘서 전반부 (1~6장)

2부 : 예언
성전 파괴와 마지막 대환란
다니엘서 후반부 (7~12장)

1부 : 이야기

승자와
패자

다니엘서 전반부 (1~6 장)

1
장

시대적 배경

사신을 영접하는
히스기야 왕(주전701년)

    왕은 사신들이 가져온 유황과 몰약 등 북방 나라의 진기한 예물을 보면서 모처럼 마음이 즐거웠다. 그보다도 왕의 마음을 끈 것은 사신들이 가져온 바벨론 왕의 은근한 친서가 마음에 들었다. 그는 당장이라도 사신을 보낸 북방의 새로운 나라와 동맹을 맺고 공동의 적인 앗시리아의 산헤립 왕을 공격해서 그동안 쌓인 원한을 갚고 싶었다.

    왕은 높은 보좌에서 한번 몸을 일으켜 세운 다음, 낮지만 유쾌한 목소리로 먼 길을 온 사신들의 수고를 치하하며 말문을 열었다.

- 나를 찾아 먼 길을 온 당신들의 수고를 고맙게 생각하오. 귀국의 왕이 보낸 글도 잘 읽었고 동감을 금치 못하오. 당신들이 가져온 북방 나라의 귀한 선물도 고맙소이다. 이제 사신들은 특별히 내게 전할 말이 있으면 기탄없이 말하기를 허락하오.

- 소직들은 오직 대왕의 강건함과 무병장수를 기원합니다. 이번에 하나님의 자비로 중병이 낳았고 수명이 크게 연장되었다는 놀라운 소

식을 들었습니다. 우리의 왕께서도 소직들이 떠나기 전에 대왕의 100년 장수를 기원하시며 앞으로 두 나라가 협력하길 간절히 원한다는 말씀을 하시며 소직들로 왕명을 전하게 했습니다.

사신들이 왕을 향해 공손히 읍하며 말을 마쳤다. 왕이 만면에 미소를 띠고 한껏 큰 웃음을 터뜨리고 나서는 사신의 말에 천천히 응답했다.

- 아니, 나의 투병 얘기와 하나님의 수명 연장 얘기가 멀리 그곳까지 알려졌느냐? 신기한 일이로다.

- 하나님께서 대왕을 살리신 신기한 얘기가 이미 우리나라에 파다하게 전파되었습니다. 사람들이 놀라고 있고 소직들은 우리 조정의 특별한 축복의 말씀을 기쁘게 전합니다. 그러나 소직들이 대왕께 시급하게 아뢸 사안이 또 있습니다. 소직들이 먼 길을 달려와 대왕께 아뢰는 것은 앗시리아의 산헤립 왕이 곧 대군을 이끌고 예루살렘 성을 정복하기 위해서 남하한다는 확실한 정보를 전해드리기 위해 밤낮을 달려왔습니다. 그들은 주력인 앗시리아 정예군을 남쪽 팔레스타인 지역으로 돌리기 위에 지금까지 강력하게 그들을 대항했던 우리 바벨론 나라를 먼저 공격했습니다. 그들이 가장 두려워하는 나라는 이웃인 우리 바벨론 왕국입니다. 그런 까닭에 그들은 남방 원정에 앞서서 바벨론 왕국을 공격해서 반란의 근원을 제거한 후에 대군을 남방 원정에 투입하겠다고 공공연히 외치며 우리 왕국을 공격했습니다. 그들이 곧 귀국을 공격할 것이 분명합니다. 이제 대왕께서는 이

들 앗시리아 대군을 방어하기 위해서 우리 바벨론과 연합으로 물리칠 계획을 세워야 함을 아룁니다.

히스기야 왕의 인자한 얼굴에 갑자기 찬바람이 분 듯 한 가닥 살기가 지나갔다. 그는 보좌에서 몸을 일으키고 사신들을 내려다보면서 물었다.

　- 나도 저들의 행동을 예의 주시하고 있는 중이오. 사신들은 이리떼 같은 앗시리아를 물리칠 좋은 방안이 있으면 이 자리에서 밝히시오. 내가 그대들의 얘기를 들을 것이오.

　- 소직들은 앗시리아 대군을 물리치기 위해서 저희 왕이 전하는 비밀스런 얘기를 천천히 대왕께 다 아뢸 것입니다. 오늘은 우선 중병에서 살아난 대왕의 신기한 회복을 축하하며 예물을 드립니다. 우리 바벨론 나라는 이곳에서 멀리 떨어져 있는 나라입니다. 그러나 우리는 귀국의 역사를 알고 있고 주시하고 있습니다.

사신들의 대표가 옷깃을 여미면서 여호와 하나님에 대한 이스라엘 민족의 유별난 신앙을 입에 침이 마르도록 칭찬하며 길게 말을 이어갔다. 그는 왕의 표정을 살피면서 이스라엘 민족이 이집트를 탈출해서 광야에서 보낸 40년 동안의 긴 세월 끝에 가나안 땅에 도착했던 때부터 지금까지 나라가 어려울 때마다 민족을 구원했던 유대 민족의 하나님을 칭송했다. 이번에도 바로 그 하나님이 나타나서 대왕의 생명을 연장시켰다는 소식을 듣고 바벨론 왕이 급히 사신들을 보냈다고 그들의 방문 이유를 침을 튀기며 전했다.

유대 궁전은 사신들의 칭송을 시작으로 뜨겁게 달아올랐다. 왕 앞에 도열한 대신들도 그리고 왕도 그들이 믿는 하나님을 향한 찬송과 찬양을 드리기 시작했다. 하나님의 놀라운 역사를 먼 곳에서 달려온 사신들의 입을 통해 들었던 히스기야 왕도 두 손을 번쩍 들고 하늘 보좌를 향해 감사와 찬송을 드렸다. 왕의 전신에는 형언하기 어려운 감격이 넘쳤다. 왕은 앞에 선 사신들의 모습을 잠시 잊었다. 그의 머릿속에는 지난 수 년 사이 왕국과 자신에게 일어났던 큰 사건들이 주마등 같이 지나갔다.

히스기야 왕과 선지자 이사야

히스기아(Hezekiah)왕은 다윗 왕이 세운 유대 왕조의 13번째 왕으로 왕조의 시조였던 다윗 왕과 함께 유대 민족의 정신적 지주였던 여호와 하나님을 가장 진실하게 믿고 따랐던 왕으로 유명하다. 그의 참 신앙은 하나님의 마음을 움직였다. 중병에 걸려 죽게 된 히스기야 왕에게 선지자 이사야(Isaiah)가 찾아와서 하나님이 정한 그의 수명이 다 끝났음을 알려주며 모든 일을 정리하고 죽음을 맞으라고 하나님의 말씀을 전했다. 그는 자신의 수명에 순종하는 대신 눈물을 흘리며 하나님 앞에 엎드렸다.

그 당시 유대는 앗시리아라는 강력한 적국의 임박한 침략으로 큰 위기에 빠져 있었고 자신이 믿음을 가지고 추진했던 유대 나라의 신앙개혁은 아직도 진행 중임을 아뢰며 연약한 유대 나라를 구하기 위해서 자신의 생명을 던지겠다고 간절히 구했다. 하나님은 신실하신 전능자임을 그는 믿었다. 그는 그 사실 하나를 붙들고 사정을 아뢰며 간구했다. 하나님은 드디어 자신이 정해서 이미 끝낸 그의 수명을 15년이나 연장해 주었다. 그뿐만 아니라 예루살렘 성을 철통같이 포위하고 히스기야 왕이 백성들에게 전했던 하나님의 말씀과 권능을 능욕했던 앗수르 군대를 .역병으로 하룻밤 사이에 몰살시켰다.

그의 곁에서 하나님의 말씀을 전했던 선지자 이사야는 히스기야 왕이 존경하는 하나님의 사람이었고 함께 일했던 신앙의 동역자였다. 이사야 선지자는 후기 유대 왕조의 여러 왕들 앞에서 하나님의 말씀을 선포하며 신앙에서 떠난 왕들의 망령된 미신 숭배와 백성들의 맹목적인 부종을 규탄했던 선지자였다. 그는 구약성경의 한 부분을 채우고 있는 유대 선지자들 가운데 가장 큰 선지자로 히스기야 왕의 아들 므낫세 왕에 의해서 톱으로 몸이 갈라지는 형벌을 받고 순교했다고 전해진다. 므낫세는 부왕과는 다르게 이방신들을 예루살렘 성에 다시 끌어드리고 우상을 숭배했던 악한 왕들 가운데 으뜸이었다.

북이스라엘의 멸망과 남유대의 위기

예루살렘 성은 한낮이면 계속되는 햇볕에 산과 들이 다 벌겋게 불을 지핀 듯 뜨거웠다. 그러나 예루살렘 성 안팎은 사람들이 더위 때문에 그늘을 찾아 피할 여유가 없었다. 성 안의 모든 남정네는 예루살렘 성 보수 공사에 동원되었다. 그들은 새롭게 망대를 세우고 성채를 보수하며 보루를 쌓는 일로 주야가 없었다. 또 성 밖에 있는 큰 샘물은 땅 속으로 수도를 묻고 물줄기를 성 안으로 끌어들였고 다른 샘들은 모두 돌을 쌓아 묻었다. 적군이 성을 에워싸도 성 밖에서 큰물을 구하지 못하도록 했다. 한편 여자와 어린애들까지 나서서 성벽 아래에 돌무더기를 쌓아 석전을 준비했고 또 기름가마를 곳곳에 설치해서 물과 기름을 끓일 수 있도록 준비했다.

이에 앞서 주전 722년, 앗시리아는 북이스라엘을 끝내 멸망시켰다. 앗시리아는 여세를 몰아 예루살렘 성전을 지키며 남아 있는 남유대 나라에 수차 항복을 강요하며 불응할 경우에는 군대를 보내서 사마리아 성(북이스라엘의 소도)을 폐허로 만들었던 것 같이 예루살렘 성도 가차 없이 성을 헐고 토벌하겠다고 위협했다. 히스기야 왕은 협박에 견디다 못해서 성전 문과 성전 기둥에 입힌 금까지 긁어내서 앗시리아 왕에게 보내며 군사 행동 대신 화친을 간청했다. 그러나 앗시리아는 항복 조건으로 유대가 이웃 이집트나 다른 어느 나라와도 관계를 끊고 오직 앗시리아의 속국으로 항복할 것을 거듭 강요했었다. 유대는 궁지에 내몰렸다. 히스기야 왕과 유대 조정은 앗시리아 대군의 공격을 격퇴할 방어에 전력을 다하는 일 밖에는 다른 대안이 없었다.

히스기야 왕은 스스로 선두에 서서 앗수르의 공격에 대항하기 위해서 성 주위의 보수와 보강에 온 힘을 기울이며 만일의 경우 즉시 항전할 수 있는 전투 준비에 몰두했다. 그러나 봄이 지나가고 첫 여름 비가 내린 날이었다. 왕은 갑자기 몸이 무거웠다. 며칠이 지나도 감기 기운이 계속되며 등 한쪽이 차츰 아팠다. 왕은 처음에는 대수롭지 않은 등창으로 여기고 시의들이 권하는 대로 고약을 붙이고 계속 밀려드는 정무를 보았다. 그러나 등창은 더욱 심해졌고 생사를 알 수 없는 지경이 되었다.

사경에 빠진 왕

며칠이 지나지 않아 등창이 속으로 깊어지면서 왕은 숨 쉬는 것조차 어렵게 되었다. 등에 난 종양의 뿌리가 폐에까지 내려갔는지 열이 나고 호흡이 곤란해졌다. 왕궁 안에 어둡고 불길한 기운이 짙어지던 어느 날 이사야 선지자가 갑자기 궁에 나타나 왕을 보고자 했다. '이사야' 선지자는 선대왕 때부터 하나님의 선지자로 활약했고 히스기야 왕이 등극할 때부터 줄곧 그의 정신적 지도자로 왕이 주도했던 이스라엘 민족의 신앙 개혁을 하나님의 말씀으로 적극적으로 돕고 선도했던 사람이었다.

왕은 간신히 침상에서 몸을 일으켜 하나님이 오랫동안 귀하게 쓰는 종 이사야 선지자를 선생님을 모시듯 예를 차려 맞았다. 그러나 왕의 눈에 비친 이사야 선지자의 얼굴이 평소와는 다르게 돌처럼 굳어 있었다. 그의 날카로운 두 눈이 마치 저승사자의 눈처럼 왕의 얼굴을 뚫어지게 보고 있었다. 그가 짧게 그러나 치명적인 하나님의 명령을 숨도 쉬지 않고 전했다.

– 여호와의 말씀이오. 왕은 지금부터 모든 왕궁의 일을 정리하고 죽음을 기다릴 것이오.

이사야 선지자는 왕에 대한 여호와 하나님의 사망 통보를 토해 놓고는 뒤도 돌아보지 않고 궁정을 휘적휘적 걸어 나갔다. 히스기야 왕은 기가 막혔다. 왕궁 안이 깜깜해졌다.

그는 침상에서 내려 곧장 뒤로 돌아서 몇 걸음 나가 왕궁 벽을 향하고 무릎을 털썩 꿇었다. 그는 복받치는 설움으로 몸을 떨며 통곡했다. 그리고 하나님께 절규했다. 히스기야 왕은 부왕 아하스 왕이 죽고 나서 갓 25살의 나이로 왕위에 올랐다. 아하스 왕은 다른 유대 왕들과 같이 여호와 하나님을 떠나서 우상숭배와 불신으로 나라를 이끌었던 악한 왕이었다. 그는 각국이 숭배하는 우상들을 가져와 왕궁 안팎에 설치하고 심지어 거룩한 예루살렘 성전 안에까지 아람(Aram) 나라의 신상을 들여놓고 제사를 드리게 했다. 히스기야 왕은 이런 부왕의 불신을 보았고 그때까지 유대 민족이 당했던 숱한 고난은 여러 왕들과 지도자의 죄악으로 인해서 백성이 하나님을 떠났던 결과라고 믿었다. 그는 유대 왕이 되자 먼저 성전과 나라 안팎에 깔린 우상을 제거하고 백성을 우상숭배의 길에서 하나님께로 돌이켰다. 그는 유대 나라가 다시금 여호와 하나님께 돌이키도록 대대적인 신앙 개혁운동을 전국적으로 추진했다.

그는 오랫동안 민간에서 신성한 물건으로 숭배하던 '모세의 놋뱀'까지 부서뜨려서 '놋쇠 조각'이라고 이름을 고치고 하나님 이외의 어떤 우상숭배도 금했다. '모세의 놋뱀'은 이스라엘 민족이 이집트를 탈출해서 40년 동안 광야를 방황할 때 사람들이 사막에 흔한 불뱀에게 물렸을 때 모세가 만든 놋뱀을 쳐다보면 불뱀의 맹독이 사라져 생명을 구했다고 해서 그때까지 유대 민족이 성스런 물건으로 간직했던 역사적 유물이었다. 당시 여호와에 대한 순수한 신앙이 흐려지면서 이런 성물이 대신 사람들의 숭배 대상이 되었던 것이다. 히스기야 왕은 신앙을 회복하기 위해서 민족이 간직했던 역사적 유물마저 주저 없이 박살을 내서 한낱 '놋 조각'이라는 뜻의 '느후수단'이라고 이름을 새로 지어 우상숭배를 막았던 것이다.

왕은 하나님 앞에 엎드려 그간의 사정과 자신이 주도했던 신앙개혁 운동을 세세하게 아뢰고, 지금은 유대 나라가 사나운 앗시리아의 공격을 앞에 두고 있는 위급한 시국인 점을 누누이 설명하며 자신의 생명을 연장해 주시길 간구하며 시간을 잊고 엎드려 있었다.

기적적 쾌유

한편 왕궁을 떠나 돌아가던 이사야 선지자의 마음도 무겁기는 마찬가지였다. 침울한 심정으로 왕궁을 떠나 집으로 돌아가던 이사야 선지자에게 갑자기 위로부터 하나님의 음성이 들렸다. 하나님은 히스기야 왕의 눈물과 기도를 듣고 그의 병을 고쳐주고 그의 생명을 15년 연장시키겠다는 말씀을 이사야 선지자에게 내렸던 것이다. 또 그의 눈앞에 한 바구니에 담긴 익은 무화과 반죽이 환상으로 나타났다. 이사야 선지자는 즉시 발길을 돌려서 나는 듯 왕궁으로 달렸다.

그는 왕궁 바닥에 힘없이 엎으려 꼼짝도 하지 않는 왕의 앞으로 달려가 소리를 높여 하나님의 말씀을 선포했다.

- 왕은 일어나 하나님의 음성을 들으시오. 하나님께서 다시 왕에게 말씀이 내렸소이다. "내가 왕의 기도를 들었고 왕의 눈물을 보았노라. 내가 너를 낫게 하리니 네가 3일 만에 여호와의 성전에 올라가겠고 네 날에 15년을 더할 것이며 내가 너와 이 성을 앗수르 왕의 손에서 구원하고 이 성을 보호하리라. 내가 나를 위하고 또 내 종 다윗을 위하므로 이 성을 보호하리라."

히스기야 왕은 놀라 급히 일어나 이사야 선지자를 보면서 자신의 두 귀를 만졌다. 그는 표정으로 꿈같은 말씀의 사실 여부를 다시 물었다.

- 내가 하나님의 말씀을 확실히 들었소이다. 왕이 그 징표를 원하면 내가 하나님께 간구해서, 왕궁의 해시계를 십 도를 뒤로나 앞으로나 물리겠습니다. 왕은 하나님의 증표로 어느 쪽으로 아하스 해시계를 돌리기 원하십니까?
- 해시계가 앞으로 나가기는 쉬우니 뒤로 물러가게 해 주시오.

선지자 이사야가 여호와께 간구할 때 왕궁에 있는 아하스 해시계가 눈깜박할 사이에 뒤로 십 도가 물러났다. 왕과 둘러선 신하들은 지금까지 듣지도 보지도 못했던 신기한 일에 손을 들고 하나님을 송축했다. 이사야 선지자가 곧 무화과 반죽을 가져오게 해서 왕의 상처에 놓았다. 그가 드디어 서서 걷기도 하고 보좌에 앉아 몸을 자유롭게 움직이기 시작했다.

계속되는 왕과 바빌론 사신들의 대화

히스기야 왕은 여기까지 지난 사건을 천천히 사신들에게 알려주었다. 사신들의 표정이 처음에는 크게 놀랐다가 얘기가 차분히 풀리면서 차츰 높은 하늘이 가려진 궁중 천장을 우러러 보면서 얼굴 표정이 놀람에서 두려움으로 변했다. 그들이 놀람과 두려움으로 몸이 굳어질 질 때 왕은 긴 얘기를 끝내고 사신들을 정답게 내려다보면서 환대의 말을 거듭 전했다.

- 사신들은 왕궁 숙소에서 우리가 준비한 음식을 맛보면서 하루 이틀 쉬기를 바라오. 내가 때를 보아 왕궁을 안내하고 왕궁 보물 창고를 보여 주겠소이다. 그곳에는 유대의 큰 제왕인 다윗과 솔로몬 왕 때부터 간직한 여러 진기한 보물과 각국에서 보낸 값비싼 공물들이 쌓여 있소이다.

유대 왕궁의 엄청난 보물과 선지자의 경고

히스기야 왕은 먼 나라에서 온 사신을 극진히 환대했다. 바벨론이라는 나라는 앗시리아의 잦은 침략과 박해로 큰 고통을 받아 온 나라였다. 지역적으로 앗시리아와 가장 근접했던 바벨론 성은 유프라테스 강변 위에 세운 성이었다. 그 반면 앗시리아는 티그리스 강을 중심으로 여러 도시를 건축하고 살아온 나라였다. 두 큰 강이 만든 삼각주의 비옥한 땅을 두고 양국은 이전부터 평화보다는 늘 전쟁과 갈등을 겪어온 나라였다. 그러나 갈대아 사람들이 사는 바벨론 성은 지난 3백 년 동안 사납기로 이름난 앗시리아 군대의 침략으로 속국 신분을 벗어나기 어려웠다. 갈대아 사람들은 앗시리아를 향한 원한과 설움이 겹겹이 쌓인 민족이었다.

한편 바벨론 사신들은 히스기야 왕의 지원 약속과 환대를 받고 곧 예루살렘 성을 떠났다. 바벨론 왕은 앗시리아가 바벨론 성을 공격했을 때 엘람 지역으로 망명해서 그곳에 조그만 망명 왕국을 유지하며 살고 있었다. 사신들은 유대 나라와의 성공적인 연합전선 구축을 갈대아 왕에게 알리며 히스기야 왕이 보여주었던 엄청난 왕궁의 보물과 보화를 침이 튀도록 설명했다.

사신들이 전했던 이스라엘 민족의 보화와 보물은 억압과 약탈로 지친 갈대아 민족에게는 꿈 같은 얘기였고 그 얘기를 들었던 바벨론 사람들은 이스라엘 민족에 대한 관심이 높아졌을 뿐만 아니라 이스라엘 나라가 왕궁과 성전에 보관하고 있는 엄청난 보물은 세월이 흐르면서 바벨론 사람들의 입에 오르내리는 전설적인 먼 나라의 보물이 되었다. 후일 유대 나라의 '전설적인 보물'은 바벨론 민족의 영웅이면 누구나 선망하며 갖기를 원하는 '꿈속의 보물'이 되어 대대로 전해졌다. 그리고 급기야 그들의 정복과 야망이 되고 말았다.

앗시리아 왕국의 산헤립 왕(Sennacherib)의 등극

북이스라엘을 멸망시켰던 앗시리아의 사르곤 2세(Sargon)라는 강력했던 왕이 기원전 705년 전사하면서 그의 아들인 산헤립(Sanherib)이 앗시리아의 다음 왕으로 정권을 잡았다. 그는 북방 세계를 위협하는 남쪽 이집트가 팔레스타인 지역의 맹주였던 유대 나라와 연합해서 반 앗시리아 전선을 크게 구축하는 것을 막기 위해서 남유대를 공격하기로 마음을 먹었다. 그는 대군을 이끌고 멀리 남정을 떠나기 전에 기회만 오면 반역을 일삼는 인접 바벨론 나라를 사전에 완전하게 제압해서 숨통을 막으려고 했다.

기원전 703년, 그는 바벨론 성을 공격해서 삽시간에 점령해 버렸다. 바벨론 왕이던 므로닥 발라단은 다시 엘람 지역으로 급히 도주했다. 므로닥 발라단은 간신히 몸을 피해 엘람 지역으로 도망해서 망명 정권을 유지하며 사신들을 유대 히스기야 왕에게 보내서 잇수르의 침략과 공격에 대응해서 두 나라가 공동 전선을 맺자고 제의했다. 그는 앗시리아의 산헤립 왕이 대군을 이끌고 남하해서 유대를 칠 것이라는 정보와 그 대응 방안을 히스기야 왕에게 은밀하게 알려 주기 위해서 그의 중병 회복을 경축한다는 미명 아래 사절단을 파견했던 것이다.

한편 히스기야 왕은 이스라엘 나라의 위세를 보이려고 사신들에게 궁중에 있는 보물과 보화를 모두 보여주며 솔로몬 왕 때부터 내려온 역사적 유물을 공개하고 유대의 오랜 역사를 입에 침이 마르도록 자랑하며 설명을 더했던 것이다.

바벨론 사신들이 히스기야 왕이 준비한 선물을 가지고 본국으로 떠나고 난 다음날이었다. 이사야 선지자가 다시 허연 턱수염을 날리며 왕궁을 급히 방문해서 히스기야 왕을 만났다. 선지자의 얼굴이 굳어 있었다.

– 이 사람들이 대왕에게 무슨 말을 하였으며 대체 어디서 온 사람들

입니까?

　히스기야 왕은 선지자에게 그들은 바벨론이라는 먼 나라에서 온 사신들이라고 선지자에게 대수롭지 않게 대답하며 더 자세한 내용을 감추었다. 그러나 선지자의 얼굴은 조금도 펴지지 않고 차가운 목소리가 또 파고들었다.

　　- 그들이 왕궁에 머물면서 무엇을 보았나이까?
　　- 내 궁에 있는 것을 그들이 다 보았나이다. 나의 창고에 있는 보물과
　　　보화를 다 그들에게 보였고, 보이지 아니한 것은 하나도 없습니다.

　이사야 선지자가 갑자기 미간을 좁히며 말을 받았다.

　　- 왕은 여호와의 말씀을 들으소서! 날이 이르리니 왕궁에 있는 모든 것
　　　과 왕의 조상들이 오늘까지 쌓아두었던 보물이 바벨론으로 옮긴 바
　　　되고 하나도 남지 아니할 것이오. 또 왕의 몸에서 날 아들 중에서 사
　　　로잡혀 바벨론 왕궁의 환관이 되리라 말씀하셨습니다.

　이사야 선지자는 히스기야 왕의 아버지인 아하스 왕과 그의 할아버지 왕때부터 하나님의 선지자로 나라 안팎의 모든 중요한 일에 거침없이 여호와 하나님의 말씀과 명령을 전하고 불신 왕들의 악행을 담대하게 경고했던 사람이었다. 히스기야 왕은 그를 잘 알고 있었고 선지자 역시 지금까지 왕이 행했던 신앙 개혁을 전폭적으로 지지했던 사람이다. 왕이 선왕들이 남

긴 왕궁의 불신앙을 제거하고 예루살렘 성과 그 밖의 모든 이스라엘 땅에서 우상을 제거하고 산 위에 세운 무속신당에서 음란하게 이웃 나라의 신을 숭배하는 것을 금하고 거짓 제사장들을 추방하는 등 모든 조치를 배후에서 지지하며 왕을 도왔던 사람이었다.

히스기야 왕은 이사야 선지자로부터 엄중한 하나님의 말씀을 전해 듣고 처음에는 영문을 모르고 전신을 떨기만 했다. 한참 만에 정신을 수습한 왕은 아버지 같이 엄한 이사야 선지자를 향해 낮은 소리로 속말처럼 응답했다.

- 당신이 전한 여호와의 말씀이 선하나이다. 내가 사는 날 동안에 태평과 진실이 있을진대 어찌 선하지 아니하리오.

히스기야 왕은 유대와 바벨론 양국 간의 협의 내용을 추궁하는 이사야 선지자에게 바벨론 사신이 편지로 전한 바벨론 왕 므로닥 발라단이 제의했던 양국 간의 공동 방어조약과 또 사신들과 왕이 나눈 앗시리아 대군을 격퇴하기 위한 비밀전략을 조금도 발설하지 아니했다.

이사야 선지자는 하나님의 사람이었다. 그는 히스기야 왕이 자신과 같이 하나님만 의지하며 나라와 민족을 이끌기를 원했고 어느 누구도 나라도 의지하지 말 것을 선왕 때부터 주장했던 사람이었다. 그는 선대 아하스 왕 때부터 유대가 추구했던 이방 나라와의 공동전선이나 협력은 전능하신 하나님께 대한 불신이라고 주장하며 적극 반대했던 사람이었다. 히스기야 왕은 매우 위험스런 시국을 맞고 있는 유대 나라에 하나님이 주는 태평과 진실이 있다면 하나님의 결정은 무엇이든 선하다고 하나님의 말씀을 전했던 아버지 같은 선지자에게 막연한 고백을 내뱉었을 뿐이다.

그로부터 얼마 시간이 지나지 않아서 앗시리아 산헤립 왕은 예상대로 대군을 이끌고 이스라엘 영토를 거침없이 침공했다. 그 이후 1백 년이 채 지나지 않아서 이사야 선지자가 예언했던 바벨론 왕국의 성전 약탈 사건과 유대 왕자의 바벨론 포로가 현실로 나타났다.

앗시리아 제국의 침공

히스기야가 유대 왕으로 나라를 다스린 지 십사 년이 지난 때였다. 그는 왕위에 오르자 그동안 유대 열왕들이 남긴 불신과 우상숭배의 만연으로 더럽혀진 이스라엘 민족의 신앙을 깨끗하게 회복하는 일에 전력을 다했다. 그는 백성들 사이에 만연하던 정신적 해이를 극복하고 모처럼 여호와 하나님을 전적으로 신뢰하는 국민적 신앙을 회복했다. 주전 722년, 북이스라엘이 앗시리아에 망하고 나서 그곳에 남아 있던 이스라엘 사람들이 계속 예루살렘 성으로 유입되면서 유대는 경제도 무역도 급증해서 모처럼 안정과 풍성함을 누리고 있었다.

한편 북방의 강국 앗시리아는 호전적인 젊은 왕이 새롭게 등장해서 남방 정복의 마지막 걸림돌인 유대를 자신의 속국으로 만들려는 움직임이 분명해졌다. 바벨론 사신들이 떠난 후 얼마 되지 않아서 드디어 산헤립 왕의 대군은 유대 땅을 물밀듯 짓밟기 시작했다. 그는 남유대의 견고한 성읍 46개를 공격해서 점령했고 자신은 유대에서 두 번째로 큰 성읍인 라기스에 주둔하고 대군과 휘하 장군들을 보내서 예루살렘 성을 포위하고 유대 나라의 무조건 항복을 무섭게 압박했다.

앗시리아 군대가 겹겹으로 포위한 예루살렘 성은 임박한 공격을 앞두고 완전히 전쟁터로 바뀌었다. 히스기야 왕은 백성들에게 이스라엘 민족이 섬기던 여호와 하나님이 예루살렘 성과 성전을 앗시리아 군대의 공격에서 보호할 것이라고 하나님의 말씀을 전하며 항전을 독려했다. 매일 제사장들이 성전에서 큰 소리로 시편 노래를 부르고 기도하며 백성들의 사기를 돋우었고 모든 백성은 '아멘'으로 화답했다. 그들의 '아멘' 소리가 성 아래 주둔한 앗시리아 군사들에게까지 들렸다.

히스기야 왕은 바로 얼마 전 자신의 생명을 연장시켰을 뿐만 아니라 예루살렘 성을 앗시리아 군대로부터 보호하겠다는 이사야 선지자가 전했던 하나님의 약속을 믿었고 계속 백성들에게 여호와 하나님의 약속을 전하며 자신을 중병에서 구한 하나님의 체험을 들려주었다.

앗시리아 대군이 예루살렘 성문 밖, 윗못 수도 곁 곧 '세탁자들의 밭'에 있는 큰 길까지 올라왔다. 랍사게라는 앗시리아 장군이 전면에 나서서 산헤립 왕의 명령을 전하겠다고 히스기야 왕을 나오라고 불렀다. 성에서 히스기야 왕을 대신해서 왕궁 대신 엘리야김과 서기관 셉나와 사관 요아가 랍사게 앞으로 나갔다.

산헤립 왕의 협박과 통곡

산헤립 왕이 보낸 군 사령관 랍사게가 큰 소리로 앗수르 왕의 무시무시한 협박과 경고를 히스기야 왕과 유대 백성에게 선포했다. 앗수르 왕은 랍사게를 통해서 유대 왕과 백성에게 항복하지 않을 경우 오직 멸망과 비참한 죽음이 있을 뿐이라고 항복을 강요했다.

앗시리아는 전통적으로 항복하는 적군은 관대하게 살려 주는 대신 항전하는 경우에는 극도로 잔인하게 적군을 죽이기로 이름이 났었다. 랍사게는 또 유대가 누구를 의지하고 항거하느냐고 반문하면서 유대와 동맹을 맺은 이집트는 상한 갈대로 그것을 의지하는 손은 갈대에 찔려 상하게 될 뿐, 유대가 살려면 늦기 전에 앗수르 왕에게 항복하라고 달랬다.

예루살렘 성전의 돔은 온통 황금으로 입혀서 멀리서도 햇볕에 번쩍거렸다. 그러나 더 크게 번쩍이는 앗시리아 군대의 무수한 창칼 앞에 성전은 빛을 잃고 있을 뿐이었다. 랍사게는 북이스라엘의 멸망을 예로 들면서 이스라엘 민족이 믿는 여호와 하나님이 힘이 있었으면 북이스라엘이 어떻게 앗시리아 군대에게 망했겠느냐고 묻고, 그들은 지금까지 이 땅에 있는 무수한 나라와 민족들을 정복했고 그들이 섬기던 허다한 신들과 함께 왕들이 지금 어디에 있느냐고 반문하며 앗수르 군대의 강함을 자랑했다.

그는 협박에서 한 걸음 더 나갔다. 성벽 위에 있는 유대 백성들이 다 들을 수 있도록 유대 말로 크게 소리치며 히스기야 왕의 허튼소리를 믿지 말고 항복해서 평안한 생활을 누리라고 소리쳤다. 그는 히스기야 왕이 백성들에게 여호와를 의뢰할 것과 그가 반드시 예루살렘 성을 앗수르 왕의 손에서 구할 것이라고 말해도 믿지 말라는 말이었다. 그는 여호와가 앗수르 왕의 손에서 유대 나라와 왕을 구할 수 있겠느냐고 반문하며 스스로 크게 고갯짓을 하며 부정했다.

성 안은 아무 대꾸도 없이 잠잠히 침묵을 지킬 뿐이었다. 왕이 백성들에게 적군의 협박에 응답하지 말 것을 이미 명령했던 까닭이다. 예루살렘 성이 강력하기로 이름이 났던 군대에 의해서 완전히 포위되었고, 백성들도 앗수르 군대가 지금까지 팔레스타인 지역에서 거둔 여러 전투의 승리를 알고 있다. 유대 지도부나 백성들은 사실 앗수르 산헤립의 망발에 대꾸할 세상적인 대답이 없었다. 히스기야 왕이 거듭 전했던 여호와 하나님의 구원약속은 눈앞에 닥친 분명한 재난 앞에서 점점 의미를 잃었다.

히스기야 왕은 산헤립의 무엄 방자한 말을 전해 듣고 그 옷을 찢고 굵은 베를 두르고 여호와의 전에 들어가 통곡하기 시작했다.

한편 그는 왕궁 대신들과 제사장 중 장로들에게 굵은 베를 입혀서 아모스의 아들 선지자 이사야에게 보내며 왕의 참담한 마음을 전하며 하나님의 응답을 구했다.

- 랍사게가 그의 주 앗수르 왕의 보냄을 받고 예루살렘 성에 쳐들어와 살아 계신 하나님을 무엄하게 비방했습니다. 하나님 여호와께서 그의 망령된 말을 들으시고 이 때문에 앗수르 왕을 꾸짖으실 듯하니, 선지자인 당신은 성에 남아 있는 자들을 위해 전심으로 기도하소서.

선지자 이사야가 왕이 그에게 보낸 궁중 대신들과 제사장들에게 그가 영감 속에 받은 하나님 여호와의 응답을 신속하게 전했다.

- 너는 앗수르 왕의 신복에게서 들은 바 나를 모욕하는 말 때문에 두려워하지 말라. 내가 한 영을 앗수르 왕의 귓속에 두어 그로 소문을 듣고 그의 본국으로 돌아가게 하겠고 또 그의 본국에서 그가 칼에 죽게 하리라.

괴이한 소문

예루살렘 성을 포위하고 있던 앗수르 진영은 산헤립 왕이 라기스를 떠나 암몬의 수도 랍나로 떠났다는 소식을 들었다. 갑자기 영문도 모르고 랍사게와 다른 장군들이 급히 랍나로 가서 왕을 만났다. 앗수르 왕은 이들에게 예상치 못했던 소식이 들어왔다며 예루살렘 성 공격을 잠시 중단하라는 명령을 내렸다. 앗수르 왕에게 들린 소문은 앗시리아의 대군이 팔레스타인 지역으로 옮긴 틈을 타서 남방 지역의 강국인 이집트의 구스 왕 다르하가 대군을 이끌고 북부 앗시리아 영토를 공격하기 위해서 떠났다는 미확인 정보였다. 이 소식을 들은 산헤립 왕의 마음이 안정을 잃고 속에서 의구심이 곧 치솟았다. 그는 자기가 비운 본국이 걱정스러웠던 것이다.

산헤립 왕은 갑자기 닥친 이런 불길한 소식을 듣고 우선 대군의 이동을 중지하고 사태를 확인하는 한편 유대 나라에는 왕의 이름으로 한 통의 편지를 사신들에게 주어 군사적 행동 대신에 히스기야 왕을 더욱 압박하는 심리전을 전개했다.

앗수르 사신이 가져온 편지를 뜯어 본 히스기야 왕은 이스라엘 민족의 여호와 하나님에 대한 앗수르 왕의 노골적인 비난과 모욕에 놀람보다 속에서 뜨거운 불길이 치밀었다. 그는 급히 편지를 들고 성전으로 향했다.

앗시리아는 이 땅에 있었던 강한 나라 가운데 하나인 것은 틀림없었고 그 나라의 여러 왕들이 세상을 정복하며 많은 민족과 나라에서 잔인한 살육 행위를 자행했다. 그러나 그들은 보이지는 않지만 세상을 움직이는 하나님이 악한 세상을 정죄하는 데 사용했던 손발이었을 뿐이었다. 앗시리아는 몇 년 전에는 여호와 하나님을 떠나 미신과 우상을 섬겼던 북이스라엘을 공격해서 망하게 했던 나라였다. 그가 선지자 이사야에게서 이미 들었던 역사의 교훈이었다.

그들이 감히 하늘의 주제이고 이 땅을 통치하는 여호와 하나님을 경멸하고 비방할 수 있을까 반문하며 마음이 뜨거운 숯불 같이 타올랐다. 그는 분노로 몸을 떨면서 성전 안으로 편지를 움켜쥐고 급히 향했다.

편지를 보이며 호소하는 왕

앗수르 왕의 편지는 처음부터 히스기야 왕이 믿는 여호와 하나님이 예루살렘 성을 앗수르 왕의 손에 넘기지 아니하겠다는 말에 속지 말라는 경고로 시작했다. 산헤립 왕은 지금까지 승승장구했던 앗수르의 왕들이 북방과 팔레스타인 지역의 무수한 나라나 민족들에게 행했던 일을 들먹이며 유대 왕이 앗수르 왕의 손에서 어떻게 구원을 얻겠느냐고 반문하며 왕이 유일하게 의지하는 이스라엘 여호와 하나님의 약속에 속지 말라고 빈정거렸던 것이다.

산헤립 왕은 히스기야 왕의 신앙을 그에게 닥친 곤고한 현실을 강조하며 흔들려고 했고 나아가 두려워 떨고 있는 백성을 이간질시켜 유대의 분열을 조장하려고 했다. 산헤립은 하나님을 믿지 않는 왕이었다. 그는 유대 왕의 신앙과 백성을 떼어놓는 고등술책을 쓴 것이다. 그는 이런 방법으로

지금까지 많은 나라가 싸움도 변변히 하지 못하고 내부 갈등으로 자멸하
게 만들었다.

히스기야 왕은 그 편지를 가지고 성전에 들어가 여호와 앞에 편지를 펴
놓고 온 마음을 다해서 호소했다.

- 그룹(하나님을 옹위하는 천사)들 위에 계신 이스라엘의 하나님 여호와여,
  주는 천하만국에 홀로 하나님이시라, 주께서 천지를 만드셨습니다.
  여호와여 귀를 기울여 들으소서, 여호와여 눈을 떠서 보시옵소서, 산
  헤립이 살아 계신 하나님을 비방하러 보낸 말을 들으소서.
  여호와여, 앗수르의 여러 왕이 과연 여러 민족과 그들의 땅을 황폐
  하게 하고, 또 그들의 신들을 불에 던졌습니다. 이는 그들이 신이 아
  니요, 사람의 손으로 만든 것들이고 나무와 돌뿐이므로 망했습니다.
  우리 하나님 여호와여, 원하건대 이제 우리를 그의 손에서 구원하옵
  소서! 그리하시면 천하만국이 주 여호와가 홀로 하나님이신 줄 알
  것입니다.

한편 자신의 집에서 기도하던 선지자 이사야가 보낸 사람이 왕궁에 도
착해서 히스기야 왕을 찾았다. 그는 선지자가 들었던 하나님의 응답을 히
스기야 왕에게 전하기 위해서 왔던 것이다.

- 앗수르 왕이여, 네가 누구를 꾸짖었으며 비방하였느냐? 누구를 향하
  며 소리를 높였으며 눈을 높이 떴느냐? 이스라엘의 거룩한 자에게
  그리하였도다. 네가 나를 비방해서 한 말을 내가 들었노라.

그러나 너는 분명히 알라, 네가 한 일은 모두 내가 태초부터 행하여 왔던 일이고 옛날부터 정했던 나의 계획인 것이니라. 지금도 내가 이 계획을 이루기 위해서 너로 하여금 여러 곳의 견고한 성읍들을 멸하여 돌무더기가 되게 했고, 거기에 거주하는 백성의 힘이 약하여 두려워하며 떨게 만들었노라.

산헤립 왕아, 네가 내게 향한 분노와 교만한 말이 내 귀에 들렸도다. 그러므로 내가 갈고리를 네 코에 꿰고 재갈을 네 입에 물려 너를 오던 길로 끌어갈 것이니라. 내가 나와 나의 종 다윗을 위하여 이 성을 보호하여 구원하리라.

산헤립 왕의 최후

그날 밤에 놀라운 재앙이 예루살렘 성을 포위 공격하기 위해 진을 치고 있던 앗수르 대군의 진영에서 일어났다. 유대 역사는 그 밤에 여호와의 사자가 나와서 앗수르 진영의 군사 십팔만 오천 명을 역병으로 하룻밤 사이에 모두 죽였다고 기록했다. 유대 히스기야 왕의 일대기를 기록했던 〈열왕기〉와 이사야 선지자의 글을 모아서 편집했던 〈이사야〉 선지서에 기록된 얘기로 오늘까지 전해 내려오고 있다.

산헤립 왕은 곧 본국으로 돌아가 다시는 유대 나라를 침범하지 못하고 오직 내치에 전력을 다하며 20년을 더 살고 죽었다. 그는 돌아가 나라의 새로운 수도로 '니느웨' 성을 정하고, 그곳을 확장하고 신전을 크게 건축하며 각종 건축과 도시 정비에 주력해서 '니느웨' 성을 고대 세계에서 크고 아름다운 도시 가운데 하나로 만들었다.

그러나 산헤립 왕은 하나님을 모독하고 경멸했던 죗값으로 그의 진노를 피할 수 없었다. 그는 통치 말년에 자신이 신봉하던 '니스록' 신전을 참배하던 중 후계 선정에 불만을 품은 자신의 두 아들이 휘두른 칼에 찔려 비참한 죽음을 맞이했던 것이다. 고고학자들이 최근 발굴한 앗시리아의 역사적 토판(종이가 없던 고대에 진흙으로 만든 판에 글을 쓰고 그것을 불에 구워 문서로 사용)에는 그가 죽은 해를 주전 681년이라고 기록했다. 한편 그의 포위를 물리쳤던 유대 히스기야 왕은 죽을병에서 하나님이 더한 15년의 수명을 살고 주전 686년에 사망했다.

니느웨(Nineveh) 성의 재발견

　니느웨 성은 오래전부터 앗시리아 인들이 살았던 도성으로 오늘날 이락 북부 모술(Mosul) 부근에 해당하는 지역이다. 신 앗시리아 왕국시대의 강력했던 산혜립 왕이 새로운 왕국의 수도로 확대 개발해서 왕국이 망할 때까지(주전 705~612년) 북방 지역의 가장 크고 화려한 도성으로 번창했던 도시이다. 이보다 앞서 주전 760년경에는 성경에 나오는 '요나' 선지자가 방문해서 하나님의 말씀을 전했던 곳이다. 니느웨 성은 앗시리아 왕국이 망하고 난 후부터 근대까지 이름만 전해졌을 뿐 완전히 잊혀진 도시였으나, 1842년 프랑스의 한 외교관이었던 보타(Paul-Emile Botta)의 조사와 그 후 1846년 영국 외교관 레이아드(Henry Layard)에 이어 1853년 현지인 하무르 랏삼(Hamurd Rassam) 등의 현지 발굴이 이어지면서 엄청난 규모의 고대도시가 세상에 모습을 드러냈다. 주변 길이가 12km나 되고 10개의 거대한 성문과 화려한 왕궁 그리고 역사를 기록했던 수많은 토판(흙으로 구워 만든 판)을 보관했던 왕실 도서관이 2-3m의 모랫더미 밑에서 천여 년을 파묻혀 있다가 그 모습을 드러냈다. 여러 고고학자들이 속속 발굴해서 찾아낸 이들 토판의 대부분이 대영박물관 등이 보관하고 있다. 고대 상형문자로 기록된 이들 토판의 판독 결과 지금까지 유일하게 고대 중근동 역사의 기록으로 남아 있던 구약성경(열왕기)의 애기가 모두 사실로 밝혀져 세상을 다시 놀라게 했다.

역사는 흘러서: 유대 왕국의 쇠퇴와 앗시리아 제국의 멸망

유대 요시아 왕의 등극(주전 640년)

이스라엘 민족의 역사에서 다윗 왕 다음으로 여호와 하나님을 잘 믿었고 말씀대로 살았던 히스기야 왕은 앗시리아의 침략을 물리치고 그 후에도 15년을 더 살면서 선정을 베풀었던 유대 왕이었다. 그러나 히스기야 왕의 뒤를 이어 유대의 왕이 되었던 그의 아들 므낫세가 예루살렘에서 나라를 다스린 55년(이 가운데 10년은 선왕과 공동 제위)의 기간과 그의 손자 아몬 왕이 나라를 다스린 2년은 이스라엘 민족이 살았던 가장 지독한 불신의 암흑기였다.

므낫세는 부왕의 돈독한 여호와 하나님을 믿는 신앙에서 떠났고 다시 이전 왕들의 불신앙에 빠져 하나님의 말씀을 거역하고 히스기야 왕이 폐하였던 온갖 우상을 다시 성 안과 성전 안에까지 들여놓고 하나님을 떠난 미신에 빠졌다. 그는 북이스라엘이 따랐던 바알과 아세라 목상을 만들어 세웠고 하늘의 일월성신을 숭배하기 위한 제단을 성전 마당에 만들어 분향하는 등 온갖 미신과 점쟁이의 사술을 허용했다. 그가 죽자 그의 아들 아몬을 왕으로 세웠으나 그 역시 므낫세의 죄악을 답습했다. 그는 2년 만에 궁중에서 암살을 당했다. 유대는 이 두 왕의 시대를 지내며 이스라엘 민족의 역사적 구심점이었던 여호와 하나님을 떠난 죄악으로 멸망을 자초한 꼴이 되고 말았다.

그러나 나라가 망하기 전 요시야라는 새로운 왕이 아몬을 이어서 등극했다. 그는 왕위에 오를 때 겨우 8살의 어린 나이였으나 청년이 되면서 우상숭배에 빠졌던 선왕들의 경우와는 반대로 증조부였던 히스기야 왕의 신실한 신앙을 이어받아 성전을 재건하고 성전에서 모든 우상을 제거하며 여호와 하나님을 따르는 신앙을 열심으로 회복했다. 그의 재위 31년은 이스라엘 민족이 신앙을 되찾고 다시금 옛 솔로몬의 번영을 누렸던 짧은 기간이었다. 그러나 평화도 잠시뿐, 주변 정세는 급변하고 있었다.

유대 요시아 왕과 선지자 예레미야

요시아 왕은 유대 왕조의 16대 왕으로 히스기야 왕의 증손이었다. 선왕들(므낫세와 아몬)이 히스기야 왕이 복원해서 부흥시켰던 여호와 하나님에 대한 유대민족의 전통적 신앙을 버리고 다시 우상숭배에 빠져서 각종 우상들과 주술을 예루살렘 성내에 설치하고 숭배하는 사태를 다시 바로 잡고 히스기야 왕의 길을 따랐던 왕이었다. 예레미야 선지자는 요시아 왕 13년(기원전 627년)에 하나님의 부르심을 받아 요시아 왕은 물론 유대가 멸망할 때 그리고 성전이 완전히 파괴당할때(기원전 589년)까지 예루살렘에서 하나님을 떠난 왕들과 백성을 향해서 눈물로 경고와 재난을 전했던 사람이다. 심한 수난을 당했고 눈물의 선지자라는 별명을 얻을 정도로 신앙에서 점점 멀어지는 나라와 백성을 위해서 울며 경고를 전했다. 특히 하나님을 떠난 성전은 무너지리라는 그(예레미야)의 예언에 대해서, 하나님이 계신 성전은 결코 무너지지 않으리라고 외쳤던 성전 지상주의 제사장들의 반발과 강대국이던 바벨론 나라와 화평하고 나라의 안전을 확보하라고 외쳤던 선지자의 주장에 당시 유대 왕궁에서 득세하던 친이집트파의 심한 반발, 그리고 신앙 제일주의에 빠져 온건 신앙인들과 이방인들에게 무자비한 폭력을 일삼던 일부 극단적인 유대주의자들의 폭력으로 예레미야 선지자는 계속 핍박과 죽음의 위협 아래에 살았다. 그는 예루살렘 성의 멸망 후에 역설적이지만 싫어하던 이집트로 끌려가 순교 당했다.

바벨론 왕국의 독립(주전 625년)

바빌로니아와 메데 엘람 지역은 물론 북방과 남방 여러 나라의 반란을 진압하고 광대한 영토를 유지하던 앗시리아의 아슈르바니팔 왕이 죽자 왕위 승계를 두고 내부 분란과 반란이 시작했고 이런 혼란 속에 앗시리아 제국은 무너지기 시작했다. 혼란한 시기를 틈타 다시금 바벨론 성을 비롯해서 동부 메데와 바사 지역에 독립 열풍과 함께 반앗시리아 연합전선이 구축되었다.

앗수르 군대의 침공으로 메데 지방으로 쫓겨났던 바벨론의 갈대아 인(Chaldean) 지도자가 앗시리아 왕국이 왕위 쟁탈전으로 내분을 치르는 동안 다시 바벨론 성에 진격해서 앗수르 군을 물리치고 독립을 선언했다. 그는 나보폴리살(Nabopolasar)라고 불리던 갈대인으로 후일 왕위를 계승했던 느브갓네살 왕자의 아버지였다. 그는 메데와 바사 연합군과 함께 갈대인은 물론 바벨론 성에 살던 모든 다른 민족들을 이끌고 앗시리아 왕국을 공격하기 시작했다. 그는 먼저 앗수르의 옛 수도였던 앗수르(Ashur) 성을 공격했으나 강력한 앗수르의 저항으로 고전하고 있을 때, 메데와 바사의 연합군이 앗시리아의 수도 니느웨 성을 포위하고 공격하기 시작했다.

니느웨 성 공격(주전 616년)

바사(Parthia)의 군사들과 함께 메데의 키악사레스(Cyaxares) 왕이 이끄는 연합군이 직접 앗시리아의 수도인 니느웨 성을 공격하고 있을 때, 바벨론의 군사도 앗수르 성을 정복하고 곧 니느웨 성을 포위하고 공격하기 시작했다. 그와 동시에 북쪽에서는 스구디아 인(Scythians)과 시메론 족(Cimmerians) 등 기마에 능했던 북방 민족이 또한 해묵은 원한을 갚으려고 니느웨 성을 동시에 공격했다. 그러나 니느웨 성은 티그리스 강변에 세운 강력한 도성으로 높은 성벽으로 둘러싸인 견고한 성이었다. 앗시리아 왕국도 모든 군사를 동원해서 성을 사방에서 포위하고 공격하는 연합세력의 공격을 물리치며 끈질기게 저항했다.

앗시리아 왕국의 멸망(주전 612년)

니느웨 성을 포위하고 전투를 하던 연합군이 드디어 사방에서 견고한 성벽을 무너뜨리고 당시에는 세상에서 가장 크고 화려한 니느웨 성 안으로 진격했다. 무려 3개월에 걸친 니느웨 성 안의 시가전은 연합군이 가가호호 건물을 수색하며 항거하는 앗시리아 군과 치열한 육박전을 벌이며 진행되었다. 그 가운데 앗시리아 왕이 살던 초호화 궁전을 두고 양대 진영은 혈투를 거듭하며 시간을 끌었다. 그러나 전투는 바벨론의 나보폴리살 왕과 메데의 키악사레스 왕이 이끄는 이란 민족의 연합군이 마지막 왕궁을 점령하며 끝이 났다. 신앗시리아 제국은 기원전 911년에 시작해서 거의 300년에 걸친 기간 동안 중근동 지역을 제패했던 나라였다. 그 나라가 드디어 종말을 고하는 역사적인 시간이었다.

니느웨 성의 함락이 분명해지자 앗수르-우발릿(Ashur-Uballit)이라는 앗시리아 장군이 일단의 앗수르 군사를 이끌고 니느웨 성을 탈출해서 티그리스강 북단에 있는 하란(Harran) 성으로 옮겨서, 각 지역에 남았던 앗시리아 잔군을 거두어 니느웨 성의 패배를 회복하려고 했다. 그는 또한 이집트의 느고 왕에게 사자를 보내 승전 후 막대한 보상을 제의하며 바벨론 연합군을 함께 격퇴하기 위한 긴급 출전을 요청했다.

이집트 대군의 유대 침공(주전 609년)

이집트의 강력한 왕 느고 2세가 대군을 이끌고 하란에 있는 앗수르 잔군을 돕기 위해 유대 남쪽 해안 길로 진군했다. 이 소식을 들은 유대 요시아 왕은 유대 군사를 이끌고 해안 길을 따라 진격하던 이집트 군대를 므깃도 협곡에서 막아 통행을 저지했다. 결국 두 진영은 상당한 사상자를 내며 전투는 치열해졌다. 그러나 전투에 직접 참전했던 유대 요시아 왕이 중상을 입고 예루살렘 성으로 후송되었으나 곧 사망하고 말았다.

유대 왕국의 열강 정책

유대 요시아 왕이 이집트 군사의 유대 영토 통행을 거부하며 전쟁까지 감행했던 이유는 반 앗시리아 정책 때문이었다. 유대 왕국은 역사적으로 친이집트 경향이 강했던 나라이나 히스기야 왕은 앗시리아의 공격을 대항하기 위해서 바벨론의 므로닥 발라단 왕(Merodach-Baladan)과 연합전선을 구축했었고 히스기야 왕의 손자였던 요시아 왕은 이를 존중해서 앗시리아 잔군을 돕기 위해 유대 땅을 경유하던 이집트 군대를 저지했던 것이다. 유대는 요시아 왕의 전사 후 그의 아들인 여호아하스(Jehoahaz)가 왕이 되었으나 그의 친바벨론 정책에 불만을 품은 이집트의 느고 왕은 3개월 만에 그를 체포해서 이집트로 끌고 갔고 그 대신에 역시 요시아 왕의 아들인 여호야김(Jehoiakim)을 유대 왕으로 지명하고 이집트에 매년 공물을 정해서 바치게 했다. 유대 왕국은 이전부터 주위 강국들의 공격과 지배에 대항하기 위해서 이집트와 앗시리아 그리고 바벨론 왕국 등 열강들과의 연대를 꾀했고 요시아 왕 이후에는 나라가 망할 때까지 친이집트파와 친바벨론파로 나뉘어 치열한 내분을 겪었다.

느고 왕은 므깃도 협곡에서 유대 군대를 상대로 전쟁을 치르면서 역시 많은 손실을 입고 일단 이집트로 돌아가 전열을 재정비하고 늦게 주전 605년이 되어서야 앗수르 잔군을 돕기 위해서 티그리스강 동쪽 끝에 있는 갈그미스(Charchemish)라는 곳으로 진군했다. 그 사이 바벨론 연합군은 하란(Harran) 성에 주둔해서 이집트 지원군을 기다리던 앗수르 잔군을 공격해서 하란 성에서 쫓아냈고, 앗수르 군대는 당시 이집트가 관할하고 있던 갈그미스 평원으로 철수해서 이집트가 보낸 원군이 도착하길 기다리고 있었다.

바라오 느고(Pharaoh Necho)의 패배

이집트의 바라오 느고는 이번 유대 나라와의 전쟁으로 예상치 못한 전리품을 확보했다. 그들은 바로 인접한 유대를 드디어 자기 손아귀에 넣고 향후 북방 나라에 대한 영향력을 행사할 수 있는 보두보를 마련했던 것이다. 이스라엘 나라는 지정학적으로 팔레스타인의 중심에 있으면서 앗시리아나 바벨론 등 북방으로 가는 길목이고 이들 북방 나라가 남쪽 이집트를 공격하기 위해서는 꼭 지나야 하는 지역에 있는 나라였다. 바로 느고는 무깃도에서 유대 군사를 물리치고 요시아 왕을 죽임으로 유대를 드디어 손아귀에 넣게 되었다. 그러나 몇 년이 지나지 않아서 갈그미스 전투의 패배로 느고는 유대에 대한 영향력은 물론 이집트의 쇠퇴와 멸망을 자초했다.

바벨론의 청년 장군, 느브갓네살의 등장

니느웨 성의 큰 잔치

바벨론의 나보폴리살 왕과 메데의 키악사레스(Cyaxares) 왕이 니느웨 성 함락을 축하하는 큰 연회를 성 안에 마련하고 잔치를 벌였다. 그들과 함께 전투에 참가했던 스쿠디나(Scythiabs)와 키메리오스(Cimmerians) 등 북방 여러 민족들이 참가했다. 북방 모든 나라와 민족이 지난날의 잔혹한 앗시리아의 침략과 압제를 끝장내고 승리를 기뻐하며 서로 축하하는 잔치였다. 연합군 역시 많은 희생을 치른 지옥 같은 전쟁이었다. 연합군은 니느웨 성을 사수하던 앗시리아 최강 군사들과 3개월 동안 건물과 주택을 하나하나 수색하며 싸웠던 시가전과 마지막 왕궁을 두고 공방을 벌인 치열한 육박전의 끝에 승리를 거두었다. 그들은 지난 전투의 고통스럽던 기억을 말끔히 털어내며 승리를 기념하는 통쾌한 밤이었다.

앗시리아 제국의 멸망

앗시리아 왕조는 후기 역대 왕들 가운데 출중했던 아슈르바니팔 왕의 활약으로 동쪽으로 바벨론과 메데의 끈질긴 반란을 진압했고 북쪽에는 새로 일어난 스구디아인과 시메론 족속을 평정해서 역사상 유례가 없는 큰 영토를 확보하는 데 성공했었다. 그러나 아슈르바니팔 왕이 죽고 나서는 광대한 영토와 그 안에 살던 수많은 민족들이 오히려 큰 부담으로 돌아왔다. 앗시리아는 그동안 수많은 반란을 진압하며 패권을 유지하는 데 모든 자원과 전력을 다 소진한 상태에서 앗수르 왕가는 왕자들의 왕위 쟁탈전에 휘말렸다. 그 사이에 그들이 자랑하던 무서운 병거와 기병들은 내부분란으로 구심점을 잃고 약해졌다. 한편 호시탐탐 기회를 찾던 주변에 있던 다른 민족들이 가만히 있을 리가 없었다. 그 가운데 현이란 민족의 여러 부족을 통합하는 데 성공했던 메데의 키악사레스 왕이 대군을 이끌고 니느웨 성을 먼저 공격했고 바벨론의 나보폴리살 왕 역시 정예 군사를 이끌고 니느웨 성을 공격했던 것이다. 북쪽에서는 신생 스구디아 인들이 니느웨 성을 공격했다. 이들 연합군이 드디어 왕궁을 둘러쌓고 공격한 끝에 기원전 612년에 성은 불타고 왕과 그를 따르던 왕비와 많은 후궁들은 자살했거나 살해당하면서 멸망했다.

연합군 가운데 가장 연장자였던 바벨론의 나보폴리살 왕이 큰 잔치를 베풀고 메데의 키악사레스 왕과 다른 민족들의 지도자들을 초청했다. 모두가 서로를 축하하는데 풍성풍성했다. 나보폴리살 왕이 먼저 메데의 왕에게 술잔을 들어 권하며 의미 깊은 승리를 축하했다.

- 키악사레스 왕이여, 나 바벨론 왕이 오늘은 정말 즐거운 마음으로 그
  대에게 축하의 잔을 권하오니 받아주시기 바라오. 나는 오늘을 위해

서 지난 30년을 절치부심하며 기다렸습니다.

- 바벨론의 위대한 왕이여, 본인도 오늘을 위해서 20년을 참고 기다렸습니다. 우리가 지금부터는 이 넓은 북방 나라의 주인으로 끝까지 함께 살기를 바랍니다. 이곳에 운집한 모든 연합군의 이름으로 이 잔을 들어 축하를 바벨론 왕께 올립니다.

두 사람의 왕이 얼굴을 활짝 펴고 잔을 들어 권하며 승리를 기뻐했고 두 왕은 주위에 시립한 장군들의 등을 두드리며 소개하고 함께 웃었다. 메데의 장군들이 바벨론 왕에게 소개되었고 이어서 바벨론의 장군들이 하나씩 소개되었다. 그 끝에 나보폴리살 왕은 한 젊은 청년을 키악사레스 왕의 앞으로 나오게 했다. 젊고 건장한 청년이 공손히 메데의 왕에게 인사를 올리며 자신의 이름을 큰 소리로 아뢰었다.

- 소장은 바벨론의 왕자 느브갓네살입니다. 우리가 앗수르 궁을 포위하고 있을 때 왕의 모습을 보았고 감히 대왕을 향해 돌격을 감행하던 적군을 보고 소장이 참지 못하고 조그만 무공으로 그를 상대해서 물리칠 수가 있어서 큰 다행이었습니다.

키악사레스 왕의 예리한 눈이 젊은 이를 한참 보다가 무릎을 치며 탄성을 내었다.

- 오, 그대였구나! 나를 향해 칼을 휘두르며 달려들던 앗수르 장군을 능숙한 창으로 막고 그의 등을 쳐서 밀어 던졌던 바벨론의 청년 장군

이 자네였구나! 지금 생각이 나오. 그때는 경황 중에 인사도 못하고 헤어졌으나 지금 보니 그대가 바로 그때의 바벨론의 젊은 장군이 틀림없소이다. 자네가 바벨론의 왕자라니 놀라운 일이요.

- 그렇습니다. 대왕께서 부디 어여삐 보아주시기 바랍니다. 대왕은 만수무강하옵소서.

약관 20살의 젊은이가 허리를 굽혀 두 손으로 읍하며 니느웨 성 공격에 앞장을 섰던 메데의 왕에게 존경을 표하는 것이 아닌가? 이 광경을 누구보다 흐뭇하게 보던 사람은 바벨론의 왕 나보폴리살였다. 그는 지금까지 평생을 앗시리아를 상대로 독립을 추구하며 숱한 전쟁을 치른 백발이 성성한 노장이었다. 그는 아들과 키악사레스 왕 사이에 서서 두 사람을 연방 보면서 놓칠세라 의미심장한 말을 이었다.

- 이 젊은 왕자가 내 뒤를 이어 바빌로니아 제국의 다음 왕이 될 것입니다. 귀국과는 오늘과 같은 형제의 우의를 다지며 앞으로 오랫동안 함께 세상을 다스리기 원하는 바입니다.

두 왕이 정답게 젊은 왕자의 등을 툭툭 치며 따로 물러나 또 다른 진지한 얘기를 이어갔다. 메데의 키악사레스 왕은 슬하에 아미티스(Amytis)라는 방년 18살의 아름다운 공주가 있었고 그 밑으로 아스티게스(Astyages)라는 어린 왕자가 있었다. 바벨론의 나보폴리살 왕도 바벨론 성을 쫓겨나서 엘람과 메데 땅으로 오래 피신을 했던 터라 메데 왕가의 일은 잘 알고 있었다.

그들은 자연스럽게 왕가의 이런저런 얘기로 꽃을 피우면서 젊은 바벨론 왕자와 메데의 공주를 연결하는 혼담을 누가 먼저라고 지적할 수는 없었지만 서로 탐색했다. 두 왕은 앗시리아의 횡포를 겪었고 평탄치 않은 세월을 살면서 여러 전쟁과 전투를 치렀던 사람들이었다. 그들은 앗시리아가 망한 지금, 다음 세대에는 북방 지역의 패권을 피를 흘리며 경쟁하기보다는 두 나라가 협력을 통해서 넓은 앗시리아 영토를 인수하고 세계를 끌고가야 한다는 큰 그림을 그리며 마음속 얘기들을 나누었다.

긴 전쟁에 지친 두 왕 사이에는 아무 이견이 있을 수 없었다. 두 사람은 자연스럽게 바벨론 왕자와 메데 공주의 혼사를 두 나라의 연합을 상징하는 대사로 인정하고 빠른 시일 내에 메데 수도에서 성대히 치르자고 합의했다. 그들은 앗시리아가 남긴 방대한 영토의 분할 통치에도 이의 없이 동의하고 앗수르 패잔병의 마지막 토벌 작전을 청년 왕자 느브갓네살에게 맡기는 일 역시 흔쾌히 수락하며 니느웨 성의 승전 축하연을 끝냈다.

연합군을 이끌고

니느웨 성을 점령한 바벨론 군과 메대 군은 각처에 남아 있던 앗수르 잔군들을 수습해서 하란 성에 웅거하며 저항하는 앗수르 군대를 토벌할 연합군을 편성했다. 그들은 아무 이견도 없이 총사령관에 바벨론의 느브갓네살 왕자를 임명했다. 바벨론과 메데의 두 왕이 이미 합의했던 끝내기 순서였다. 앗시리아를 공격하기 위해서 나라를 비운 지 오래인 두 나라의 왕은 20살의 젊은 바벨론 왕자에게 마지막 남은 토벌을 맡기고 일단의 군사를 이끌고 본국으로 철수했다.

연합군의 총사령관이 된 느브갓네살은 젊은 나이이지만 지략이 있고 전쟁에서 뼈가 굵은 건장한 청년 장군이었다. 그는 갈대아 정예군이 중심이 된 메데와 스구디아 인 등 여러 민족의 군사를 이끌고 하란 성을 공격하기 위해서 떠났다. 하란 성 역시 티그리스 강변에 세워진 여러 앗시리아의 아성 가운데 하나였다. 느브갓네살 왕자는 야밤을 이용해서 성문을 깨뜨리고 군사를 진입시켰고 적군의 본거지를 재빠른 스구디아 인 군대를 앞세워 곧장 공격했다.

한편 스스로 아슈르-우발릿트(Ashur-Uballit) 2세 왕이라고 칭하는 앗수르 장군은 니느웨 성이 완전히 점령당하기 직전 일단의 수하 군대와 함께 성을 탈출해서 하란 성으로 옮겨 각지에 남아 있던 앗수르 잔군을 수습했다. 또 이집트 느고 왕의 지원군을 기다리며 반격을 준비하고 있었다. 그들은 느고 왕이 이끄는 이집트 정예 군사가 곧 올 것을 기대하고 느브갓네살 왕자가 이끄는 연합군과의 결전을 피하고 있었다. 그러나 이집트의 지원군은 유대 남부 므깃도에서 요시아 왕이 직접 이끄는 유대의 예상치 못한 저항을 받고 큰 전투를 치렀고 그 후속 보강 조치를 하는 동안 하란 성 도착이 예정보다 크게 늦어졌다.

이 틈을 타서 느브갓네살 왕자는 하란 성을 공격했고, 앗수르 잔군은 큰 피해를 입고 또 다시 성을 버리고 조금 떨어져 있는 유프라테스 강변에 있는 갈그미스 지역으로 피신해서 그곳에서 이집트 느고 왕의 군사를 기다렸다. 당시 갈그미스 지역은 이집트가 지배하는 외국 영토의 일부였다.

갈그미스 결전(the Battle of Carchemish) (주전 605년)

느브갓네살 왕자가 이끄는 연합군이 이집트의 느고 왕이 이끄는 이집트 대군과 그때까지 명줄을 유지하고 있던 앗수르 패잔병을 공격해서 괴멸시킨 유명한 전투를 후세 역사가들이 '갈그미스' 전투라고 이름을 붙이고 오늘날까지 역사적 전쟁 가운데 하나로 꼽고 연구하고 있다. 당시 느고의 이집트 군과 앗수르 잔군의 합계는 약 4만 명에 달했고 반면 공격을 감행했던 느브갓네살 왕자가 이끄는 연합군은 1만 5천 명으로 수적인 열세에도 불구하고 바벨론 연합군이 대승을 거두었던 전쟁이다.

바벨론의 승리는 느브갓네살이 이끄는 정예군의 기습 공격이었다. 느고 왕의 이집트 대군이 긴 행군 끝에 갈그미스 평원에 도착해서 진영을 갖추기 전에 느브갓네살 장군이 이끄는 갈대아 정예군이 유프라테스 강을 전격적으로 건너 곧장 이집트 군의 중심부를 공격했고, 그 뒤를 이어 스구디아 인과 시메론 족의 기마 부대를 계속 도강시켜 여러 곳에 흩어진 이집트 군영을 신속하게 공격했다.

바벨론 연합군은 유프라테스 강이나 티그리스 강 주변을 잘 알고 있었다. 그들은 빠른 병거와 기마 전술에 능했던 까닭에 느고 군이 전열을 정비하기 전에 중심부를 격파해서 다른 부대와의 연합 작전을 봉쇄했고 여세를 몰아 도주하는 적군을 도살했던 것이다. 이집트 군이 결정적 패배를 당해서 도주하는 사이 앗수르 잔군은 더 이상 존재할 수 없는 마지막 패배를 당하고 괴멸했다. 앗시리아 제국이라는 이름이 역사 속으로 완전하게 사라진 날이었다.

느고 왕의 이집트 군사는 급히 철수하는 바람에 창과 칼을 버리고 각기 분산 도주했고 느고 왕이 집결지로 정했던 하맛 성으로 몰려들었다. 그러나 누가 알았을까? 느브갓네살은 그들의 퇴로를 미리 파악하고 일부 기마군을 하맛 성 부근에 매복시켜서 그곳으로 내려오는 느고 군대를 한 번 더 결정적으로 공격했다. 그 결과 이집트는 대패해서 생명을 부지해서 이집트로 돌아갔던 군사는 손으로 셀 정도였다고 후세 역사는 당시의 철저한 이집트의 패전을 기록했다. 결과는 이집트는 다시는 남방의 대국으로 팔레스타인이나 대륙 진출의 꿈을 포기하고 이후 나일강 주변의 일개 나라로 살아야 했다.

빠른 이동과 기마 전술로 이집트의 대군까지 격파해버린 느브갓네살 왕자는 대군을 이끌고 드디어 팔레스타인의 중심에 있던 유대 나라의 여러 성읍을 격파하고 예루살렘 성을 포위하고 유대 왕의 항복을 요구했다.

바벨론의 새로운 왕

예루살렘 성을 포위하고 있던 느브갓네살 왕자가 어느 날 본국에서 급보를 받았다. 걸출한 갈대아 장군으로 평생을 앗시리아 제국을 상대로 독립 전쟁을 벌이며 살았던 나보폴리살 왕이 급사했다는 비보였다. 느브갓네살 왕자는 대군을 유대에 남겨두고 급히 일단의 친위군 부대를 이끌고 본국인 바벨론 성으로 돌아갔다.

유대와 바벨론 성은 600마일 정도 떨어져 있다. 말로 급히 달리면 며칠이면 갈 수 있는 거리였다. 그는 바벨론 성에 도착해서 즉시 부왕 나보폴리살의 뒤를 이어 바빌로니아의 왕으로 추대되었다. 그는 눈부신 전승 장군으로 백성들의 절대적인 지지를 받고 있었다. 그는 드디어 바빌로니아 제국의 막강한 왕이 되었다.

인접 나라인 메데와 바사의 왕들이 다투어 경축 사절을 보냈고 그는 바빌로니아 나라의 왕으로 새롭게 떠오르는 북방 세계의 주인공이 된 것이다. 그는 이미 메데의 공주였던 아미스티스(Amytis) 공주를 왕비로 맞아 혼사를 올렸었다. 그는 강력한 인접 나라인 메데 나라의 전폭적인 지지를 받고 있었고 다른 민족들의 한결같은 지원으로 누구도 부인할 수 없는 세상의 승자가 되었던 것이다.

느브갓네살 왕은 지체하지 않고 다시 유대 예루살렘 성으로 말을 몰아돌아왔다. 그는 더 이상 바벨론 나라의 청년 장군이 아니었다. 그는 바빌로니아라는 제국의 왕으로 북방 세계를 호령하는 제왕으로 팔레스타인 지역에서 마지막 남은 유대 나라의 항복을 받는 일을 끝내려고 예루살렘 성으로 돌아 왔던 것이다.

적군과 우군

보이지 않는 손이 다스리는 세상에는 영원한 우군도 없고 적군도 없다. 역사는 필요에 따라 악한 나라가 선한 목적에 쓰일 때가 있었고 선한 나라가 예리한 칼과 창에 굴복 당해서 망할 때도 있었다. 굳이 이유를 따진다면 사람은 원래 불완전한 존재이고 선악이 그 안에 함께 있고 그런 사람들이 모여서 이익을 따라 나라나 민족을 이루기도 헤치기도 했기 때문이다.

유대와 바벨론(갈대아 민족) 나라는 오래전부터 서로 공동의 적인 앗시리아 제국을 대항해서 한편으로 싸우던 나라들이다. 바로 몇 년 전인 주전 609년에는 유대 요시아 왕이 바벨론의 급한 연락을 받고 앗시리아를 돕기 위해서 진군하던 느고 왕이 이끄는 이집트 군대를 므깃도 협곡에서 저지하다가 왕 자신이 전사까지 했던 처지였다.

그러나 이 사건보다 백 년 전 선대 왕들이 맺은 언약이 있었고 그에 따라 왕이 출전해서 전사까지 당했던 사건이 몇 년도 지나지 못해 세상이 또 바뀐 것이다. 바벨론의 느브갓네살 장군은 새로 유대의 왕이 되었던 여호야김을 도저히 곱게 볼 수가 없었다. 여호야김 왕은 남방의 적국인 이집트의 느고 왕이 세웠던 친 이집트 성향의 유대 왕이었다.

유대 왕국의 쇠퇴

바벨론 성을 포위한 느브갓네살의 목적은 바로 얼마 전 갈그미스 지역에서 느고 왕의 군대를 상대로 피나는 전투를 치른 끝에 비록 느고가 심각한 패배를 당해서 본국으로 쫓겨 갔지만 혹시 미래에 이집트와 유대가 연합할 경우에는 북방 바벨론에 큰 위협이 될 수 있기 때문에 그것을 차단하기 위한 선제 조치였다. 마치 백 년 전(주전 701년) 앗시리아의 산헤립 왕이 히스기야 왕의 유대 나라를 포위 공격했던 이유가 남방의 강국 이집트가 팔레스타인의 강자 유대 왕국과 연합 전선을 구축해서 앗시리아를 대항하는 것을 저지하기 위한 전략이었던 것과 같은 이유였다. 팔레스타인 중심부에 있던 유대 나라의 동향은 북방 강국에는 관심의 대상이었고 나라가 바뀌고 시대가 변해도 지정학적 중요성은 동일했다. 느브갓네살 왕은 장래에 있을지도 모를 유대와 이집트의 연합을 걱정했던 까닭에 지금까지의 좋은 동맹 관계까지 묵살하고 유대 왕국의 항복을 강요했던 것이다.

유대 역시 두 강대국을 사이에 두고 이후 친바벨론 세력과 친이집트 세력이 끊임없이 다투는 내부 분열과 분쟁 속에, 여호와 하나님을 전적으로 신뢰하던 조상들의 뜨거운 역사적 신앙에서 멀어졌던 까닭에 얼마 지나지 않아 멸망을 자초했다.

승자의 요구

바벨론 왕의 명령

　유대 여호야김 왕이 사절단을 갈대아 진영으로 보냈다. 그는 적국이지만 왕으로 등극했던 느브갓네살 왕에게 경축 인사와 예물을 보내면서 화친을 맺고 싶다는 뜻을 분명히 했다. 그러나 높은 단상에 앉아서 사절단을 맞은 느브갓네살 왕의 얼굴은 조금도 펴지지 않고 엄숙했다.

　- 유대 나라의 왕이 직접 이곳으로 와서 항복하면 내가 이전의 두 나
　　라 관계를 생각해서 곧 철군하겠노라. 이것을 너희 왕에게 전하고 이
　　스라엘 민족은 이제 이후로는 이집트와의 관계를 끊고 공물도 내게
　　로 바칠 것을 명하노라.

　젊은 왕의 음성은 바벨론 진영 안에 쩌렁쩌렁 울렸다. 왕이 된 그의 모습과 목소리는 이전과 다르게 듣는 사람들을 떨게 하는 위엄으로 가득했다. 유대 사신들은 더 이상 대꾸할 용기가 없었다. 그들은 연신 몸을 낮추며 바벨론의 왕이 천천히 요구하는 항복 조건을 경청했다.

- 나, 바빌로니아 왕이 너희 유대 왕에게 요구하는 것이 두 가지가 있
  노라. 하나는 너희 이스라엘 민족이 섬기는 여호와 하나님의 성전 보
  물과 유대 왕자를 내게 보내기를 원하노라. 너희 성전 보물은 내가
  섬기는 마르덕(Marduk) 신전에 승전 기념물로 바치기 위해 거둘 것이
  요, 유대 왕자는 내 궁전에서 환관으로 섬길 것이니라.

왕은 조금 사이를 두었다가 다시 마무리 명령을 내렸다.

- 너희 사신들은 내 명령을 너희 왕에게 똑똑히 전하고 앞으로 3일 안
  에 시행할 것이니라. 내가 너희 왕의 그릇 행함을 보았으나 두 나라
  가 맺은 오랜 관계를 생각해서 이렇게 관대한 조치를 내리는 것이니
  라. 혹 너희에게서 3일 안에 소식이 없을 때는 예루살렘 성은 바벨론
  의 군대에 의해서 잿더미가 될 것이니라.

느브갓네살 왕은 사신들의 대답을 듣는 둥 마는 둥 하며 잠시 짬을 두었
다가 손으로 물러갈 것을 명했다.

바벨론의 신화

지나간 역사의 한 자락이 젊은 왕의 마음속에 지나갔다. 오래전에 갈대
아 왕이 앗시리아 왕에게 나라를 빼앗기고 메데 엘람으로 피신해서 와신상

담하던 중에 사신을 팔레스타인 지역의 강국이던 유대 히스기야 왕에게 보냈던 일과 사신들이 보고 와서 전했던 예루살렘 성의 화려한 성전과 왕궁에 보관하던 진귀한 보물에 관한 얘기였다. 두 가지 얘기는 패전으로 실의에 빠졌던 갈대인들에게 선망의 대상이 되었고 대대로 전해졌던 신화가 되었다. 성전과 왕궁 보물에 대한 선망은 느브갓네살 왕의 기억 속에 잠자고 있었고, 앗시리아와 유대 나라를 포함해서 세계를 굴복시킨 지금 그는 기억 속에 잠자고 있던 꿈의 하나를 이루고 싶었다.

느브갓네살 왕이 하란 성을 탈취하고 갈그미스 전투에서 승리를 거둘 때 유대 나라의 요시아 왕은 이집트 느고 왕의 군대를 저지하기 위해서 므깃도에서 싸우다가 전사했다. 그는 느브갓네살 왕의 둘도 없는 협력자였고 그의 긴급 요청을 받고 느고와의 전쟁에 나섰다가 변을 당했던 것이다. 잔혹한 전쟁터에서 뼈가 굵었던 느브갓네살 왕도 유대를 공격하기에는 명분이 없었다. 단지 여호야김 왕이 이집트의 느고 왕이 임명했던 친이집트계 왕이라는 이유 하나만으로 그를 정면으로 상대해서 싸우고 싶지 않았다. 그렇다고 언제 배반할지 알 수 없는 유대 왕을 그대로 두고 떠나는 것도 현명한 판단은 아니었다. 느브갓네살 왕은 고심 끝에 유대의 항복 조건으로 오래전 갈대아 인들의 신화가 되어버린 성전 보물과 이스라엘 민족의 순종을 압박할 유대 왕자를 포로로 잡아 귀국하기로 마음을 정했던 것이다.

유대 왕궁의 분열

　유대 궁전은 이전과 같이 조용했다. 밝은 해는 떠올라 궁전 밖에 있는 푸른 포도원에 맑고 투명한 햇살을 뿌리고 있었다. 왕과 중신들 그리고 성전 제사장들이 궁전에 모여 바벨론 왕의 항복 조건을 두고 갑론을박하며 시간을 보내고 있었다. 유대 민족은 지금까지 적국의 침략을 당해 예루살렘 성이 함락되고 각종 보물이 수탈당했던 역사를 여러 번 겪었다. 왕과 왕족이 포로로 잡혀 갔던 역사도 있었다. 느브갓네살 왕이 요구했던 항복 조건은 오히려 관대한 요구였다. 왕의 폐위나 다른 중신들의 피해가 없고 성 안 백성이 다 무사하다면 거부할 이유는 없었다.

　그러나 유대 궁중은 왕을 비롯해서 친이집트 세력이 절대적으로 우세했다. 왕은 물론 성전 제사장들과 대신들은 지금까지 친이집트 정책을 추진했던 사람들이었다. 이에 반대하고 신흥 북방 강국을 선호하던 사람들은 지금까지 반역자 취급을 당했다. 친바벨론 세력의 대표는 선대 왕들의 시대부터 민간에 인기가 있던 선지자 예레미야와 그 추종자들이었다.

　예레미야 선지자보다 앞서서 예루살렘 성에서 활약했던 이사야 선지자는 히스기야 왕을 비롯해서 그 아들 므낫세 왕까지 무려 4대에 걸쳐서 하나님의 말씀을 전했던 이스라엘 민족의 대표적인 선지자였다. 그는 히스기야 왕의 뒤를 이어 등극했던 므낫세 왕의 폭거로 순교했으나 그가 전했던 하나님의 메시지는 줄곧 이집트를 의지하지 말고 북방의 강국과 협력해서 나라를 보전하라는 말씀이었다. 그의 뒤를 이어 하나님의 선지자로 활약했던 사람이 예레미야 선지자였다.

　여호야김 왕이 참석해서 오래 논란을 계속하던 궁중 분위기는 일단 느브갓네살 왕의 조건을 수락하고, 시간을 가지고 사태를 보고 나서 다음 정책을 추진하기로 했다. 결국 겉으로 느브갓네살 왕의 요구를 승낙하면서 친 이집트 정책도 은밀하게 계속하는 것으로 결정이 났던 것이다. 그러나 이런 이중 외교 정책은 몇 년이 못 되어 또 다른 엄청난 비극을 유대 나라와 민족에게 주었을 뿐이다.

이스라엘 민족과 이집트의 역사적 관계

이스라엘 민족은 성장 과정에서 많은 빚을 이집트라는 나라에 졌다. 야곱(Jacob)이라는 조상이 아들과 손자 등 모두 72명의 가족을 이끌고 고센(Goshen)이라고 부르던 이집트의 비옥한 지역으로 이민을 갔다가 후손들이 그곳에서 430년을 지내게 되었다. 그 사이 이스라엘 민족은 무려 2백만에 가까운 큰 민족으로 성장해서 정작 그 세력이 이집트 나라의 존립을 위협할 지경으로 커졌던 결과 이집트 왕의 핍박을 받게 되었다. 그들은 박해 끝에 이집트를 탈출했다. 결국 온 민족이 이집트를 탈출해서 40년 동안의 광야 방황을 끝내고 가나안 예루살렘 지역으로 돌아왔던 것이다. 지금부터 대략 3천 5백여 년 전의 사건으로 이스라엘 민족은 그들의 결정적 성장기를 이집트에서 보냈던 것이다.

이스라엘 조상들의 뇌리에는 비옥했던 이집트 땅과 그곳에서 평화스럽게 살던 좋은 기억이 세대에서 세대로 전해졌다. 시간이 아무리 흘러도 민족의 마음속에 각인된 이집트에 대한 좋은 감정은 이스라엘 민족이 중대한 위기를 만나면 친이집트 쪽으로 마음을 돌리게 했다.

느브갓네살 왕의 지혜

느브갓네살 왕은 두 가지 항복 예물을 유대 나라에 요구했다. 한 가지는 이스라엘 민족이 생명처럼 여기는 예루살렘 성전 보물이었고 다른 것은 유대 나라의 정통 왕손으로 어린 소년 한 명과 다른 고귀한 유대 귀족 자제들 가운데 재능이 있고 마음이 민첩한 소년들 몇 명을 그에게 주라는 것이었다. 느브갓네살 왕은 이스라엘 민족에 관한 역사와 여러 전승과 얘기들을 알고 있었고, 그가 기억하는 이스라엘 민족은 '여호와 하나님'을 믿고 따르는 민족으로 나라의 중심에 그가 있고 그를 섬기는 성전은 유대인이 가장 신성한 곳으로 여기고 이곳을 지키기 위해서는 생명을 아끼지 않는 것도 알았다.

이스라엘 민족의 출애굽 사건은 당시 모든 나라가 알고 있던 신비한 사건이었다. 이스라엘 민족이 섬기던 여호와 하나님이 그들을 구출했던 것이다. 이집트 절대 군주 바라오(Pharaoh)의 고집을 열 가지 재앙으로 겪고 이스라엘 민족을 이집트 땅에서 안전하게 탈출하도록 도왔다. 그리고 불과 백 년 전에는 그가 예루살렘 성을 포위한 앗시리아의 산헤립이 이끄는 대군을 역병으로 성 밖에서 모두 죽게 만들었던 신비한 역사를 행했던 사실을 느브갓네살 왕은 여러 번 들었다.

느브갓네살 왕은 이런 나라를 직접 공격하는 것이 마음에 들지 않았다. 그는 공격 대신 예루살렘 성전의 보물을 전승 기념물로 혹은 갈대아 민족에게 잊지 못할 승리의 상징으로 가져가고 싶었다. 두 번째는 신앙이 깊은 유대 왕손과 젊은 엘리트를 자신의 휘하에 두고 장차 팔레스타인과 터키 소 아시아 지역을 원격 통치하는 효과적인 수단으로 사용하길 원했다.

느브갓네살이라는 젊은 왕은 전쟁에서 자란 유능한 장군이지만 그것은 시작이었을 뿐 그는 자신과 자신이 처한 세상을 볼 줄 아는 사람이었다. 그는 당시 세계에서 가장 넓은 영토를 다스려야 하는 북방의 제왕이었고 그를 돕는 유능한 인재의 필요성을 누구보다 잘 알고 있었다. 이스라엘 민족에게서 뽑은 인재들이 하나님과 통하는 신령한 능력을 가졌다면 그 또한 사양하기 어려운 귀중한 자원이 될 것이라고 그는 믿었다.

승자의 귀환과 전리품

승자와 패자의 운명

고대 전국시대에는 늘 승자와 패자들이 있었다. 승자가 되면 그는 패자의 나라를 차지하는 왕이 되었다. 어느 나라가 주변 나라를 정복하고 홀로 승자가 되었을 경우에는 제국이라 불렀고 왕은 제왕이라는 칭호를 받았다. 젊은 나이에 이런 칭호를 받으면 역사는 그를 영웅이라고 불렀다. 한편 패자는 승자가 요구하는 것은 무엇이든지 다 순응할 수밖에 없었다. 오직 전쟁으로 승패를 겨루었던 고대에는 패자는 자신을 포함해서 자식이나 처자라도 승자의 노리개로 내주었다.

전승 퍼레이드

느브갓네살 왕은 북방 나라의 제왕으로 그리고 남방의 강국 이집트를 파격지세로 무찌르고 전승의 왕으로 바벨론 성으로 개선했다. 그가 이끄는 긴 행렬이 황제의 화려한 마차를 따랐다. 일단의 갈대아 인 정예부대가 화려한 부족의 깃발을 날리며 왕을 뒤따랐고, 이어서 메데 나라의 군사, 파사 나라의 군사들이 독특한 고깔 전투모와 복장을 하고 입성을 했고 왕을 따라 갈그미스 전투에 참가했던 연합군의 모든 군사들이 각국의 요란스런 깃발을 세우고 성 안으로 들어왔다. 그 뒤를 이어 전승 기념물을 실은 수레가 줄줄이 들어섰다.

그 마지막 수레는 예루살렘 성전 보물을 담은 황금마차였다. 유대 왕이 특별하게 황금 칠을 해서 만든 화려한 마차였다. 그리고 이 황금마차를 호위라도 하듯 젊은 유대인 소년들이 양 옆에서 수레를 따라 들어왔다. 이들 어리고 영특한 소년들은 유대 나라에서 잡혀온 포로였고 그 가운데 하나가 유대 왕손인 '다니엘'이었다. 모든 행렬이 성 안 중앙 광장에 설치한 거대한 동물상 앞에 멈추었다. 바로 청년 제왕이 늘 경원하던 마르덕(Marduk) 신상이었다.

2
장

바벨론(느브갓네살 왕)과 다니엘

첫 번째 이야기
유대인 포로

전반부의 시작은 유대 왕국에서 바벨론 왕국으로 잡혀온 4명의 유대 소년들이 왕이 정했던 교육 훈련의 긴 과정을 마치고 왕궁의 고위 관리들이 되었던 얘기이다. 이들 네 유대 소년들은 엄격한 기준에 따라 선발되었고 왕궁에서 바벨론의 문화, 특히 느브갓네살 왕이 속한 갈대아 민족의 언어와 학문을 철저하게 익히고 왕이 먹고 마시는 음식과 포도주로 식사하는 등 3년 동안 궁중에서 생활하며 바벨론 왕궁 생활을 익히고 왕을 보좌하는 고급 관리들이 되었던 것이다.

이들 유대 소년들은 왕궁에서 교육을 받기 시작하며 두 가지 사건을 통해서 어려움을 겪었다. 하나는 유대식 이름을 버리고 바벨론식으로 개명해서 그 이름으로 살아야 한다는 것이다. 사람의 이름은 그의 인격을 나타내는 호칭이다. 그들이 유대인이 아니고 지금부터는 바벨론 사람으로 살아야 한다는 의미였다. 두 번째는 왕이 지정했던 음식과 포도주를 먹고 마시며 살아야 한다는 것이다. 그들이 유대 민족의 전통적 음식 대신에 왕의 음식을 먹는다는 것은 왕궁에서 왕과 같은 마음과 생각으로 살라는 의미였다. 인생을 송두리째 바꿔 살도록 유도하는 호화판 양육이었지만 문제는 이런 음식이 소년들의 입맛에 맞지 않았고 그보다 먼저 유대 전통에 따르면 먹어서는 안 되는 '불결한 음식'이었다. 두 가지 문제 가운데 매일 먹고 마시는 음식이 가장 큰 고통이었다.

소년 다니엘은 결국 마음을 정하고 왕의 음식 대신에 그들이 전에 유대나라에서 먹던 채식(Pulse)을 요구했다.

명민한 유대 소년들의 요구는 훈련을 책임진 관리의 호의로 받아들여졌다. 이들은 어렵지 않게 당시로는 세계 최고 수준의 바벨론 문화와 그 언어를 완벽하게 습득했다. 그리고 양육 기간이 끝나고 드디어 왕의 면전에서 시험을 치렀다. 왕은 이들 유대 소년들이 훈련을 받았던 다른 소년들이나 이미 궁중에서 일하던 모든 박수나 술객들(지혜자)보다 지혜와 총명이 뛰어난 것을 확인하고 관리로 등용하게 되었다.

특히 네 소년 가운데 다니엘은 다른 유대 소년들이 갖지 못했던 모든 환상과 꿈을 깨달아 해석하는 특별한 능력까지 소유한 사람이었다. 유대 왕족 출신이던 그는 바벨론 왕국이 사라지고 그 나라를 정복했던 바사(페르시아)의 고레스(Cyrus) 왕 때까지 오랫동안 왕궁 생활을 했다. 지금부터 다니엘이 자신의 일생 전기로 기록했던 〈다니엘서〉 1장이 소개한 여러 사실 가운데 몇 가지를 살펴본다.

왕의 혜안

바벨론 왕국의 느브갓네살은 당시 세상을 제패한 태양같이 떠오르는 청년 제왕이었다. 그가 통치 초에 왕국을 관리하는 총 책임자인 환관장에게 내렸던 준엄한 명령과 이를 집행하는 환관장의 민첩한 행동이 눈에 띈다. 왕은 큰 제국을 다스리기 위해서 그에게 필요한 최고의 인재를 직접 골라서 기르기를 원했다. 그는 전쟁에 능했던 장군이었으나 누구보다 자신이 다스릴 큰 나라를 알고 있던 제왕이었다. 그가 다스릴 나라는 광대했고 수도 없이 많은 다양한 민족들이 섞여 사는 나라였다. 아무리 능력이 있다고 해도 한 인간이 막강한 권력이나 군사력을 휘둘러서 모두를 오랫동안 다스리기는 어렵다는 사실을 알고 있었다. 그는 순수하고 재능이 있는 소년들을 골라서 직접 최고의 방식으로 양육해서 자신의 휘하에 두고 싶었던 것이다. 그가 소년들이 먹을 음식과 음료를 직접 지시했던 이유이다. 그가 또 여러 역사적인 사실을 고려해서 뽑은 유대 소년들을 자기와 같은 감정, 사고, 판단을 하는 사람들로 만들고 싶었다. 그는 타협을 거부하는 유대 민족의 특성을 이미 꿰뚫어보고 있었다. 유대 소년들에게 갈대아 인의 언어와 관습을 익히고 음식과 음료를 지정해서 3년 동안을 기르게 한 것은 이에 대한 그의 혜안이 만들어낸 대책이었다. 그의 지혜는 이미 세상에 더할 수 없는 수준이었다.

특별 명령

예루살렘 성을 포위하고 있던 느브갓네살 왕은 왕궁의 일을 감독하는 환관장 아스부나스에게 한 명령을 내렸다. 그는 유대 나라의 왕족과 귀족 자제들 가운데 자질이 있고 건강한 소년을 뽑아서 궁중에서 바벨론의 학문과 언어를 가르칠 것과 그 후에 왕이 직접 면접을 보아 이들에게 왕궁에서 왕을 섬기게 하겠다는 명령을 내렸다. 그는 구체적인 선발 규정과 먹는 음식까지 정해 주었다. 왕은 '흠이 없고 용모가 아름다우며 모든 지혜를 통찰하고 지식에 통달하며 학문에 익숙한' 소년들을 뽑아서 '바벨론 성에서 왕이 먹고 마시는 음식'을 주어 '3년 동안을 길러서' 궁중에 쓸 만한 인재로 만들라는 것이었다. 중근동 지역을 제패했던 젊은 영웅이 앞으로 다스릴 넓은 영토와 그 안에 살던 언어가 다르고 민족이 다른 여러 종류의 사람들을 다스리기 위해 필요한 인재 양성이라는 원대한 계획을 세우고 그동안 관심을 가지고 지켜보던 유대 민족 가운데 인재를 발굴하고 가르치기로 마음을 먹었던 것이다.

개명

왕의 명령을 들었던 아스부나스는 왕의 확고한 인재 양성 의도를 이해했다. 그는 이를 시행하는 첫 조치로 이들 4명의 유대 소년들의 이름을 완전히 바벨론식으로 바꾸고 이후로는 오직 바벨론식 이름으로 궁중에서 살도록 했다. 그는 소년들의 이름을 바벨론식 이름으로 개명해서 바벨론 궁 안에서 유대인이 아닌 바벨론 사람들로 살게 했던 것이다. 유대 민족은 아이들의 이름을 대개는 자신이 속한 지파의 조상들 이름 가운데서 하나를 선택해서 아이들에게 주었다. 그런 까닭에 유대인의 모든 이름은 다 그 속에 조상과 여호와 하나님과 연관된 말들이었다. 바벨론 등 북방 나라도 아이들의 이름을 그들이 믿었던 신들의 이름과 연관이 있는 것을 지어 불렀다. 환관장이 유대 소년들에게 새로 붙여준 이름은 당연히 모두 그곳에서 크게 높이는 '벨'이라는 신과 관련이 있었다. 낯선 이국땅에서 자신들의 이름을 그곳 우상들의 이름을 따서 바꾸는 이런 개명 절차는 소년들에게 미래의 큰 인생 변화를 알려주는 첫 경종이었다.

다니엘(Daniel)이라는 유대 이름은 '하나님이 나의 재판관이다'라는 뜻이고 아스부나스 환관장이 바꾼 바벨론식 이름은 벨드사살(Belteshazzar)이며 그 뜻은 '벨(Bel) 신의 아들'이라는 뜻이었다. 벨은 그 지역의 여러 신들 가운데 대표적 신이었다. 그의 세 친구들인 하나냐, 미사엘과 아사랴도 이와 같이 다 바벨론식 이름으로 바꾸었다. 여호와 하나님을 잘 믿었던 다니엘을 포함 다른 소년들에게는 천지개벽 같은 사건이었다. 유대 소년들은 다 성년식을 마친 14, 15세 전후의 소년들이었다. 그들도 철저한 유대 교육과정을 이미 끝낸 똑똑한 소년들이었다.

갈대아 학문과 언어(Neo-Babylonian Empire) 주전 626~539

고대 바벨론 왕국은 주전 2천 년 전부터 유프라테스 강과 티그리스 강이 만든 넓은 메소포타미아 평야의 남쪽 중부에 있던 바벨론 지역에서 살았던 여러 고대 왕국들을 말한다. 그들 가운데 유적 발굴로 세상에 잘 알려진 함무라비(Hamurabi) 법전은 이들 고대 바벨로니아 왕국(주전 1894~1595)의 함무라비 왕 시대에 비석에 새겨 놓았던 법전으로 세계에서 처음으로 발견된 성문법전이었다. 그 이후 바벨론 지역은 앗시리아 제국(주전 911~619)의 침략으로 그 통치를 받다가 느브갓네살의 부왕이던 나보폴리살 왕이 앗시리아에 반기를 들고 독립을 선언했고 긴 전쟁을 통해서 앗시리아 제국을 무너뜨리고 새로운 바빌로니아 제국을 건설했다. 느브갓네살과 부왕 나보폴리살 왕은 바벨론에 살던 여러 민족들 가운데 갈대아 민족(Chaldean) 출신으로 천하를 제패했던 것이다.

황실 학교

느브갓네살 왕의 특별한 호의와 배려로 황실 학교가 왕궁에 설치되고 본격적인 교육에 들어 갈 때였다. 유대 소년들은 첫 시작에서 뜻밖에 큰 고역을 당하게 되었다. 그들은 다른 사람들이 즐기는 것처럼 궁에서 나오는 기름진 음식과 향기로운 포도주를 먹고 마실 수가 없었다. 왕명은 절대 왕정에서 누구도 어길 수 없는 지엄한 명령이었다. 당시 느브갓네살 왕의 명령을 거부하는 일은 자신의 생명을 위태롭게 하는 큰 모험이었다. 그럼에도 불구하고 소년 다니엘은 참을 수가 없었다. 왕이 소년들을 기르기 위해서 내린 특별 명령 가운데 하나였던 먹고 마시는 음식이 그들의 입에 맞지 않았을 뿐만 아니라 유대인이 따르는 신앙 규범에 어긋나는 불결한 음식이었던 것이다.

소년들은 유대인의 전통 음식을 먹고 자랐고 왕의 기름진 음식과 포도주(음료)는 유대인들이 먹을 수 있는 정한 음식이 아니었다. 그들은 믿음의 조상 모세(Moses)가 전해주었던 정결한 음식을 먹고 자랐던 소년들이었다. 유대 율법은 유대인들이 먹을 수 있는 음식의 종류부터 음식의 조리 방법까지 자세히 규정하고 있고 이를 어길 경우에 당할 징벌까지 적어 놓았다.

유대인들은 어딜 가서 살던 율법이 전한 정결한 음식을 먹는 일이 일종의 신앙이 되었던 것이다.

다니엘은 소년의 순수한 마음으로 이를 거부하기로 뜻을 정했다. 그도 그것이 매우 위험한 일이고 그들을 감독하는 자가 승낙하기 매우 어려운 일이고 경우에 따라서는 그의 생명이 위태로운 일인 것을 알았다. 그는 마음을 굳게 정할 필요가 있었다.

세상의 유혹

만일 예루살렘 성에서 잡혀 온 유대 소년들이 왕의 명령대로 3년을 '왕의 음식과 음료'를 마시고 바벨론 사람들의 언어와 관습을 완전히 익히고 그것을 따르는 사람들이 되었다면 그들은 유능하고 탁월한 바벨론의 고급 관리로 일생을 잘 살았을 것이다. 모든 사람이 넘어지는 달콤한 세상의 유혹이고 이미 포로로 잡혀온 이상 왕명을 따라 생존하는 것은 당연해 보이고 또 명분도 있는 것이다. 누구든지 세상을 떠나 살 수는 없는 일이다. 세상에는 보기에 좋아 보이고 명분도 분명한 일이 있다. 그러나 그런 것을 분별없이 따르면 하늘의 뜻과는 어긋나는 길이라는 사실을 다니엘과 유대소년들은 알았고 〈다니엘서〉는 이런 삶을 후대의 교훈으로 너무도 분명하게 전하고 있다.

슬기로운 자

다니엘은 이런 사실을 궁중 감독자에게 전했고 그를 설득하기 위해서 슬기롭게 상당 기간 채식을 먹고 그 결과를 보고 결정을 내려달라고 부탁했다. 그는 왕의 음식을 먹는 다른 소년들과 '채소'를 먹는 자신들의 건강 상태를 얼마 동안 보고 나서 가부를 결정하자고 제의했던 것이다. 감독자가 무작정 거부할 수는 없는 제의였다. 그 결과 소년들의 건강 상태는 기름진 왕의 음식을 먹었던 다른 소년들보다 훨씬 좋았고 궁중 관리를 설득하기에 충분했다. 그들은 이후 시간이 지나며 왕이 원했던 대로 바벨론의 오래된 학문과 언어를 완벽하게 이해하고 사용할 수 있게 되었고 왕이 정했던 때가 되어서 느브갓네살 왕 앞에 섰다. 시험을 치른 결과 네 소년은 외모나 지식과 지혜에서 다른 소년들보다 월등 우수했다. 그들은 이렇게 모두 왕이 옆에 두고 부릴 수 있는 유능한 관리들이 되었다. 다니엘은 그 가운데 슬기로운 자의 대명사가 되었다.

채소(Pulse)

유대인의 채소(Pulse)는 씨앗에서 자란 모든 식물과 열매로 이 가운데는 여러 종류의 콩 등 견과류가 포함된다. 각종 채소는 물론 이들 콩으로 다양한 음식을 만들어 빵과 함께 먹는 식사를 팔레스타인 지역에서 오늘날까지 '채소'라고 부르고 있다.

전기와 역사적 사실

1장은 서두에 유대의 여호야김 왕의 마음을 움직여 느브갓네살 왕에게 항복하고 그에게 성전 보물을 내어 주도록 한 사건의 실제 주인공을 소개했다. 그가 이스라엘 민족의 역사적 자존심을 버리게 했고 그들이 생명처럼 여기는 성전 보물도 느브갓네살 왕의 요구대로 바벨론 성에서 이방 나라의 신전에 옮기도록 허락했다고 적은 것이다. 또 얘기가 이어지면서, 당시 형편으로는 도저히 거절할 수 없던 왕명을 바꾼 일 그리고 유대 소년들이 3년 동안 인재 양성 교육을 받고서 바벨론 최고의 인재로 성장해서 왕의 시험은 물론 바벨론 나라 전체의 인물들 가운데 그들을 따라갈 사람이 없었다는 사실을 기록했다. 다니엘은 그 위에 모든 환상과 꿈을 깨닫고 해석하는 탁월한 능력까지 얻었다는 사실을 적었다. 저자인 다니엘은 이들 사건들을 보이지 않는 곳에서 인도하는 존재가 바로 다니엘과 세 친구가 믿었던 '하나님'이라는 사실을 밝힌 것이다.

〈다니엘서〉는 자서전이며 역사적 기록

〈다니엘서〉는 1장 초두에 책이 기록한 사건의 시작을 '여호야김 왕이 다스린 지 3년'이 되는 해로 바벨론 왕 느브갓네살이 예루살렘 성을 에워싼 해인 주전 605년이라고 기록했다. 그리고 1장 끝에는 다니엘이 '고레스 왕 원년까지' 있었다고 다니엘서의 종결 시기를 주전 539년으로 기록했다. 다니엘은 자서전격인 이 책이 담고 있는 전체 이야기의 시기와 시대를 1장 서두와 말미에 알리면서 자신의 일생에 관한 정보를 밝혔던 것이다.

다니엘이 포로로 잡혀갔을 때의 나이가 15세 전후의 소년이었다면, 그가 페르시아의 고레스 왕 원년을 넘기고 몇 년을 더 살았다고 기록했던 사실에서 그는 주전 605년에서 539년까지 북방의 세 제국을 거치면서 약 60여 년 동안을 고위 관리로 왕궁에서 일을 했다는 말이다. 그는 또 족히 90세 정도의 긴 인생을 바벨론 성에서 살며 장수했다는 것을 자서전에서 밝힌 말이기도 하다. 특히 그가 생애 마지막으로 봉사했던 페르시아 고레스 왕 원년(주전 539년)을 굳이 언급한 것은 다른 의미도 있는 듯. 페르시아 고레스 왕은 그의 통치 원년에 북방으로 잡혀온 이스라엘 민족의 예루살렘 귀환을 정식으로 선포하고 유명한 '고레스 칙령'을 내렸던 왕이다. 다니엘이 그때에도 궁중에서 일을 했다면, 그것은 다니엘이 왕이 신임하던 중신으로 페르시아 왕궁에서 이런 역사적 결정에 기여했다는 의미를 강하게 암시하는 말이 될 듯하다. 역사는 겉으로 드러난 것보다는 그 이면에 더 많은 진실이 담겨 있다.

두 번째 이야기
꿈을 꾸고 격분하는
제국의 왕

　사람이 정도는 다르지만 잠을 자며 꿈을 꾸지 않는 사람은 없다. 그리고 꿈에는 상서로운 꿈이 있고 불길한 꿈이 있다. 역사를 돌이켜 보면 많은 나라의 인물이 큰일을 하기 전에 꿈을 꾸었고 그리고 꿈 해몽대로 천하를 얻기도 했고 잃기도 했다.

　느브갓네살 왕이 피가 낭자한 전쟁터를 떠나 궁에서 지내던 어느 날, 그는 이미 역사가 되어버린 이전에 있었던 여러 나라와 통치자들을 기억하던 중에 문득 자신이 이룬 대제국과 자신의 미래를 생각하게 되었다. 그가 살벌한 전쟁터를 떠나 바벨론 궁에 살기 시작한 지 불과 2년도 되지 않던 때였다. 그는 편안함 속에서 지금까지 잊고 지내던 옛 일들이 생각이 났다. 집중과 통찰력이 출중했던 그의 사고는 과거에서 미래로 곧 옮겨졌다. 그는 더 이상 오를 자리가 없는 제국의 정상에 있었다. 지혜가 뛰어났던 왕은 승리와 권력의 정상에서 문득 자신과 그가 이룬 제국의 장래를 생각하면서 그 의미를 찾고 있었다. 제왕이었지만 아무에게도 물어볼 수 없는 '자신의 운명'을 깊이 묵상하며 침실에 들었다.

　그가 기억했던 여러 왕들과 잊을 수 없는 사람들이 다 죽었다. 강철 같은 젊은 장군도 그리고 백전의 노장들도 아무도 죽지 않고 살았던 사람은 없었다. 역사에 그렇게 강했던 앗시리아 제국과 같은 나라도 자신의 손에 망했고 주변의 여러 나라도 자신의 무력 앞에서 다 항복했다. 그러나 그들의 항복은 시간문제. 언제고 자신의 경우처럼 다시 일어나 독립할 수 있는 나라였고 역사를 가진 민족들이었다. 그는 "사람도 나라도 다 끝이 있다"는 평범한 진리 앞에서 시간을 잃고 오래 자신의 현재와 미래와 그 끝을 생각했던 것이다. 그는 그가 살 인생도 그가 전쟁으로 이룬 제국도 반드시 끝이 올 것이라는 진실 앞에 도달했다. 종말은 누구에게나 유쾌하지 않은 주제이지만 또한 거부할 수 없는 엄연한 사실이다. 그는 자신이 이룬 거대한 제국과 그의 인생은 어떻게 될지를 생각하며 간신히 모로 누워 잠이 들었다. 왕은 침상에서 식은땀을 흘리다가 벌떡 일어났다.

그는 자신 앞에 한 거대한 신상이 서 있는 것을 보았다. 그 신상은 황금으로 번쩍거리는 머리를 가졌고 가슴과 두 팔은 은이고 배와 넓적다리는 놋이고 그 종아리는 쇠고 그 발은 얼마는 쇠며 얼마는 진흙이었다. 그때에 아무도 손대지 아니한 돌이 어디서부터인지 날라 와서 신상의 발, 쇠와 진흙으로 빚은 발을 쳐서 부서뜨렸다. 신상의 발이 깨지면서 신상의 몸과 머리 등을 만든 쇠와 놋과 은과 금이 다 산산조각으로 부서져 날아갔고 곧 신상은 조각들로 깨져서 간 곳이 없었다. 천지에는 오직 신상을 친 돌이 태산을 이루어 온 세계에 가득했다.

느브갓네살 왕은 꿈을 꾸었던 것이다. 그는 식은땀을 훔치며 벌떡 일어나 방금 전에 보았던 꿈속의 이상을 생각하며 두려운 생각에 빠졌다. '크고 아름답고 거대한 신상'이 근원을 알 수 없는 곳에서 날아온 '돌'을 맞고 산산이 부서진 것이 왕에게는 매우 좋지 않은 흉조 같았다. 그렇게 큰 신상이 산산이 부서져 바람에 날아 가버리다니! 큰 나라나 힘센 장군이나 용감한 군대에 의해서 망하는 것이 아니라 한낱 바윗돌을 맞고 끝장이 날 수가 있단 말인가? 지금 이 땅에서 신상 같이 가장 위대한 인물이라면 자신을 빼고는 누가 있단 말이냐?

그의 생각은 어느덧 자기 전에 고민했던 자신의 미래와 다시 연결되었다. 그는 신상 사건은 결국 자신의 미래 사건, 그러니까 자신의 종말과 연관된 꿈이라는 생각에 두려움이 왕의 마음속에서 태산처럼 커지기 시작했다. 젊은 왕은 태어나서 처음으로 온몸에 식은땀을 흘렸다. 그는 화도 났고 분하기도 해서 잠을 자지 못하고 고민하며 남은 밤을 꼬박 지샜다.

모두 끌어내어 죽이라

느브갓네살 왕은 이른 아침 '바벨론의 지혜자'들을 모두 궁전으로 급히 불렀다. 그리고 왕은 무서운 얼굴로 '지혜자'들에게 그가 지난밤에 한 꿈을 꾸었다고 말하며 그들에게 곧장 그 꿈의 해몽을 알리라고 뜬금없는 명령을 내렸다. 왕 앞에 서있던 '지혜자'들은 당시 유명했던 점성술에 능통했던 천문지리의 권위자들, 일반 서민들에게 인기가 있던 유력 점쟁이들과 요술과 술수에 능한 자들 그리고 갈대아 민족의 전통적인 학자들과 술사들이었다. 바벨론 왕은 이들을 '지혜자들'이라는 칭호를 주고 최고 관직에 상당한 대우를 해주며 왕의 상담에 응하도록 했다. 왕의 급한 전갈을 받고 궁정에 모인 그들이 왕의 명령을 듣고 모두 아연 실색했다.

그때나 지금이나 꿈 해석은 먼저 꿈을 알려주고 그 해석을 요청하는 것이 상식이다. 느브갓네살은 꿈 내용을 먼저 그들에게 말해주는 대신에 자신이 지난밤에 꿈을 꾸었다고 말하며 지혜자들에게 곧장 꿈 해석을 하라는 명령을 내렸다. 황당한 왕의 명령을 듣고 그들은 왕이 꾸었던 꿈의 내용을 먼저 자기들에게 알려 주면 늘 하던 대로 해몽을 하겠다고 공손히 대답했다. 바벨론의 '지혜자'들은 다른 사람의 꿈을 듣고 나서 해몽하고 또 땅에서 일어난 이상한 일이나 사건을 듣고 해석하는 것이 그들의 임무였다. 왕은 내노라는 '지혜자'들이 늘 하던 요청을 들었으나 오늘은 달랐다. 왕은 그의 입으로 흉몽이 분명한 것을 먼저 발설할 수는 없었다. 그는 지혜자들의 항변을 듣고는 더 이상 자신을 억제하지 못하고 격노를 터뜨렸다.

그는 엄중한 '왕의 명령'을 고집했다. 만일 그들이 꿈 내용을 먼저 말하고 그 해몽을 알리지 못하면 그들은 '바벨론의 지혜자'라면서 지금까지 감언이설로 왕을 속인 죄로 모두 죽일 뿐만 아니라 그들의 가정과 집을 초토로 만들겠다고 왕명을 거역하는 죗값까지 말해 버렸다. 아무리 제왕이지만, 이런 명령은 미친 사람의 억지였고 무서운 권력을 쥔 제왕의 횡포였다. 세상에 누가 사람의 속마음을 알 수 있을까? 사람이 침상에서 뒤척이다가 꾼 꿈을 신이 아닌 사람이 무슨 재주로 알아낼 수 있을까? 같은 북방 민족으로 왕과 피를 나눈 갈대아 술사들이 사람이 꾼 꿈을 본인이 말하기 전에 다른 사람이 무슨 재주로 알 수가 있겠느냐고 왕을 달래며 왕의 명령이 이치에 맞지 않는다고 설득했다. 그러나 격노로 이성을 잃은 왕에게는 아무 소용이 없었고 왕은 처음 명령을 고수할 뿐이었다.

왕은 드디어 옆에 서있던 시위 대장에게 명령을 내렸다. 만일 그들이 왕이 지난밤에 꾸었던 꿈의 내용을 먼저 말하고 그 해몽을 내지 못하면 그들을 모두 끌어내어 다 죽이라는 명령을 내리고 말았다. 제왕의 명령은 아무도 바꿀 수 없는 절체절명의 명령이었다. 시위 대장이 모든 지혜자들을 왕 앞에서 끌어내어 방에 가두고 남은 자들을 찾아 왕궁을 수색하기 시작했다.

살벌한 왕궁

어느 누구도 젊고 포용성이 큰 왕이 이처럼 격노한 때를 그때까지 보지 못했다. 아무도 불길한 꿈으로 잠을 못 자고 극도로 고민했던 왕의 불안한 마음을 몰랐다. 느브갓네살 왕은 자신이 이룬 대제국이 산산이 부서지고 자신마저 망하는 흉몽을 꾸고는 극단적인 절망감과 그 분노를 신통치 못한(?) 신하들에게 쏟아부었던 것이다. 제국과 그 절대 군주가 망하는 판에 신하들의 생명이나 제국의 엄청난 보화는 아무짝에도 쓸모가 없었다. 그는 그의 앞에 도열한 마치 쓰레기같이 보였던 바벨론의 지혜자들에게 절망적인 분풀이를 쏟아부었던 것이다.

시종하던 친위대장이 명을 받들어 곧 왕 앞에 모인 '지혜자'들을 다 감옥에 처넣고 또 궁중에 남아 있는 다른 '지혜자'들을 찾아서 방마다 조사하며 남은 자들을 체포하는 데 바빴다.

번쩍이는 기지

친위대장과 다니엘 두 사람이 이런 위기의 때에 왕궁에서 만났다. 두 사람은 잘 아는 사이였다. 친위대장은 다니엘이 포로 소년으로 바벨론에 잡혀 올 때부터 키가 크고 준수한 그의 모습과 당당한 태도가 눈에 들었고 곧 왕의 신임과 총애를 받던 그를 잘 알고 있었다. 다니엘 역시 그림자 같이 늘 왕 곁에 붙어 있는 충성스런 친위대장을 알았고 시간이 있을 때마다 말을 붙이고 따랐다. 친위대장은 다니엘에게 그를 포함해서 다른 유대인 소년들과 궁 안에 숨어 있는 지혜자들도 찾아 감옥에 구속하겠다는 얘기를 했다. 그는 다니엘에게 오늘 아침 왕궁에서 일어났던 일의 자초지종을 알려주며 마침 다니엘까지 구속하겠다고 자신이 지금 하고 있는 일을 알려주었다. 한편 다니엘은 그의 말을 듣고 드디어 왕의 격노와 명령을 알았고 그가 다니엘과 그의 친구들마저 잡아 죽이려고 찾는 것을 알게 되었다. 다니엘은 자신과 그의 세 친구들 역시 다른 '지혜자'와 같이 잡혀서 함께 죽을 수밖에 없는 위험에 빠진 것을 깨닫는 데는 시간이 걸리지 않았다.

다니엘은 위기의 때에 오히려 여유를 보이며 친위대장에게 자신이 왕을 보고 말하도록 안내를 부탁했다. 그가 곧 왕 앞에 섰다. 그는 시간을 주면 꿈을 알려주고 해몽을 하겠다고 왕 앞에서 공손히 순종하며 자신감을 밝혔다. 그는 왕의 명령이 잘못되었다는 말 대신에 시간을 주면 곧 알리겠다고 긍정적인 태도와 왕을 섬기는 종의 신실한 자세를 왕에게 보였던 것이다. 다니엘의 이런 명철은 아무도 수습할 수 없는 궁중의 대사건을 일단 가라앉게 했다. 왕은 분노를 가까스로 가라앉히고 다니엘의 진언을 수락했고 그때까지 지혜자들의 처벌도 연기했다.

다니엘의 지혜로운 말은 여러 사람의 생명을 살렸다. 사실 돌이킬 수 없는 왕명을 내렸던 왕도, 죄도 없이 죽어야 할 지혜자들도, 서술이 시퍼런 왕명을 당장 집행해야 하는 근위대장도 난감할 수밖에 없는 상황에서 모두에게 시간을 벌어 주었고 생각할 틈을 마련해 주었다. 왕의 입에서 한 번 입밖에 나간 왕명은 고칠 수 없었고 왕에게 한 신하의 약속은 죽음으로 지켜야 하는 것이 당시의 법이었다. 악법도 법이었다.

기적은 절체절명의 산물

다니엘은 자신의 집으로 돌아가 유대에서 끌려왔던 세 친구들에게 사태를 설명하고 하늘에 계신 하나님이 그와 세 친구들이 바벨론의 다른 '지혜자'들과 함께 헛된 죽임을 당하지 않게 기도할 것을 제의했다. 네 사람은 갑자기 닥친 죽음의 문턱에서 인간의 생사를 주관하는 하나님께 온전히 의지하며 그의 은혜를 간구했다. 시간이 급박했다. 그 밤에 하나님은 환상 가운데 생사의 갈림길에 선 다니엘에게 비밀을 깨닫게 했다. 그가 드디어 기쁨이 넘쳐 벌떡 일어나 하나님의 이름을 찬송하며 노래를 불렀다. 다른 친구들도 목이 터져라 하나님의 위대하심을 찬양하며 노래를 불렀다.

다니엘의 노래

- 영원부터 영원까지 하나님의 이름을 찬송할 것은 지혜와 능력이 그에게 있음이로다.
- 그는 때와 계절을 바꾸시고 왕들을 세우시며 지혜자에게 지혜를 주시고 총명한 자에게 지식을 주시는도다.
- 그는 깊고 은밀한 일을 나타내시고 어두운 데에 있는 것을 아시며 또 빛이 그와 함께 있도다.
- 나의 조상들의 하나님이여 주께서 이제 내게 지혜와 능력을 주시고 우리가 주께 구한 것을 내게 알게 하셨사오니 내가 주께 감사하고 주를 찬양하나이다.
- 곧 주께서 왕의 그 일을 내게 보이셨나이다.(다니엘 2:20~24)

다니엘은 다음날 아침 친위대장에게 가서 우선 급한 일부터 전했다. 친위대장이 왕명을 따라 그가 함부로 '지혜자'들을 죽이지 말라는 부탁이었다. 그리고 그는 왕에게 꿈과 그 해석을 알려주겠다고 말했다. 친위대장은 즉시 그를 왕 앞으로 인도했다.

꿈 해석

왕은 매우 의심쩍은 표정으로 다니엘에 대한 심문을 시작했다.

- 내가 꾼 꿈과 그 해석을 네가 능히 내게 알게 하겠느냐?

- 왕이 물으신바 은밀한 비밀은 '바벨론의 지혜자'나 술객이나 박수나 점쟁이가 능히 왕에게 보일 수 없으나, 오직 은밀한 것을 나타내실 이는 '하늘에 계신 하나님'입니다. 그가 왕에게 후일에 될 일을 꿈으로 알게 하였습니다. 왕의 꿈 곧 왕이 침상에서 머릿속으로 받은 환상은 이러합니다. 왕이여! 왕이 침상에서 장래 일을 생각하실 때에 은밀한 것을 나타내시는 이 곧 '하늘에 계신 하나님'이 장래 일을 왕에게 알게 하셨으며, 내게 이 은밀한 것을 나타내심은 내 지혜가 모든 사람보다 낫기 때문이 아니라 오직 그 해석을 왕에게 알려서 왕이 마음으로 걱정하던 것을 풀어드리려 함입니다.

다니엘은 침착하게 왕의 꿈은 장래의 일을 생각하는 왕에 대한 하나님의 대답이라고 꿈의 전반적인 해석을 전했다. 그리고 자신이 이 비밀을 알게 된 것은 자신의 지혜가 모든 사람들보다 낫기 때문이 아니라, '하늘에 계신 하나님'이 그에게 알게 했던 비밀이라고 고백했다. 그가 스스로 겸비해서 한 말이지만 한편으로는 자칫 무능하다는 비난을 받거나 수모를 느낄 수도 있는 '지혜자'들을 미리 보호하기 위한 다니엘의 넉넉한 포용성이 돋보이는 대답이었다. 왕의 얼굴에는 여느 때보다 더 짙은 긴장감이 완연했다. 다니엘의 꿈 해몽은 계속 이어졌다.

- 왕이여! 왕이 한 큰 신상을 보았습니다. 그 신상이 왕의 앞에 섰는데 크고 광채가 매우 찬란하며 그 모양이 심히 두려우니, 그 우상의 머리는 순금이요 가슴과 두 팔은 은이요 배와 넓적다리는 놋이요 그 종

아리는 쇠요 그 발은 얼마는 쇠요 얼마는 진흙이었습니다. 또 왕이 보신즉 '사람이' 손대지 아니한 돌이 나와서 신상의 발을 쳐서 부서 뜨렸고 그때에 신상을 만든 쇠와 진흙과 놋과 은과 금이 다 부서져 여름 타작마당의 겨같이 되어 바람에 날려갔습니다. 그러나 우상을 친 돌은 태산을 이루어 온 세계에 가득하였나이다.

왕의 얼굴이 굳어지고 두 눈은 빛을 내며 어린 신하를 쏘아보고 있었다. 왕은 몸을 한번 떨고 잠시 기억을 더듬으려는 듯 눈을 감았다. 정말 다시 보기 싫은 꿈이었다. 거대한 신상이 산산이 부서지는 꿈은 망조였다. 그것은 광채가 찬란한 거대한 신상이었다. 그 머리는 번쩍번쩍 빛나는 왕관을 썼고 가슴에는 흰 방패를 둘렀고 다리에는 철 각반에 허리에는 번쩍이는 구리 띠를 두른 거대한 신상이 언제 나타났는지 그의 앞에 우뚝 서 있었다. 신상의 키가 하늘 높이 솟았고 온몸이 장대해서 그렇게 우람할 수가 없었다. 그때였다. 어디선가 한 조각 커다란 바윗돌이 날아와서 신상의 발을 내리쳤다. 신상의 발이 흙과 쇳조각을 공중에 튀기면서 부서졌고 그 바람에 다리와 배와 가슴 그리고 마지막으로 얼굴과 머리가 소리를 내며 조각조각 부서져 내렸다. 그는 식은땀을 훔치며 눈을 들어 주위를 살피고 두 손으로 허공을 움켜 잡다가 잠이 깼던 것이다.

다니엘의 낭랑한 목소리가 눈을 감고 꿈속을 더듬던 왕의 귀를 들렸다. 그가 다시 눈을 크게 뜨고 다니엘을 응시했다.

- 왕이여, 소신이 그 해석을 알려드리겠나이다. 그 꿈이 이러한즉 내가 이제 그 해석을 왕 앞에 말하겠습니다. 왕이여! 왕은 여러 왕들의 왕

이시라, '하늘의 하나님'이 나라와 권세와 능력과 영광을 왕에게 주셨고, 사람들과 들짐승과 공중의 새들이 어느 곳에 있는 것을 막론하고 그것들을 왕의 손에 넘겨주어 다 다스리게 하셨으니 왕은 곧 그 금 머리입니다.

왕을 뒤이어, 왕보다 못한 다른 나라가 일어날 것이며, 그것은 반들거리는 은 같은 나라로 가슴과 두 팔이 있은즉 두 나라가 될 것이요, 셋째로 또 놋 같은 나라가 일어나서 온 세계를 다스릴 것이며, 넷째 나라는 강하기가 쇠 같으리니 쇠는 모든 물건을 부서뜨리고 이기는 것이라 쇠가 모든 것을 부수는 것 같이 그 나라가 뭇 나라를 부서뜨리고 깨뜨릴 것입니다. 왕께서 그 발과 발가락이 얼마는 토기장이의 진흙이요 얼마는 쇠인 것을 보셨습니다. 곧 그 나라가 둘로 나누일 것이며 왕께서 쇠와 진흙이 섞인 것을 보신 것 같이 그 나라가 쇠같이 든든함이 있을 것이나 그 얼마는 진흙과 같이 부서질 만할 것이요, 또 왕께서 쇠와 진흙이 섞인 것을 보신 것 같이 그들이 다른 민족과 서로 섞일 것이나 그들이 피차 융합하지 아니함이 쇠와 진흙이 합하지 않음과 같을 것입니다.

그러나 이 여러 왕들의 시대에 '하늘의 하나님'이 한 나라를 세우리니 이것은 영원히 망하지도 아니할 것이요 그 국권이 다른 백성에게로 돌아가지도 아니할 것이고 도리어 이 모든 나라를 쳐서 멸망시키고 영원히 설 것입니다. 그리고 왕께서 손대지 아니한 돌이 산에서 나와서 쇠와 놋과 진흙과 은과 금을 부서뜨린 것을 보신 것은 '크신 하나님'이 장래 일을 왕에게 알게 하신 것입니다. 왕이여, 이 꿈은 참되고 이 해석은 확실합니다.

다니엘이 해몽했던 긴 글의 주어는 '하늘에 계신 하나님'이고 그가 느브갓네살 왕에게 바벨론이라는 큰 제국을 맡기고 제국 안의 모든 것을 다스리게 했다는 것이다. 그리고 느브갓네살 왕의 시대가 끝나면 그 뒤로 일어날 다른 나라들이 있을 것이며, '신상'의 가슴과 두 팔, 배와 넓적다리 그리고 종아리와 발은 그 나라들을 상징하는 것이라고 설명했다. 다니엘은 번쩍거리는 거대한 신상의 금 머리는 바로 느브갓네살 왕이며 이 땅에 이어지는 열국들의 역사에서 지극히 영화로운 첫 시대를 대표하는 제왕의 상징이라고 말했다.

다니엘의 꿈 해몽은 느브갓네살 왕에게 무엇보다 멋진 해몽이었다. 스스로 불길한 해석을 하고 불안에 떨던 왕의 마음을 금방 안심시켰고 지금까지의 긴장을 모두 털어내며 평소의 넉넉한 제왕의 모습으로 돌아가게 했다. 다니엘은 그를 큰 제국의 왕으로 흡족하게 표현했고 발설을 하기가 두려워 숨기던 망조를 흥망을 이어가는 역사의 화려한 첫 페이지로 해석해서 왕이 마음속으로 고민하던 응어리를 뿌리째 제거했던 것이다.

그의 기지가 별처럼 빛나던 순간이었다. 그는 이 땅의 인간 역사를 진행하는 존재가 바로 하늘에 계신 여호와 하나님이고, 그가 느브갓네살 왕에게 하나님의 존재와 그의 통치를 인정하도록 꿈을 꾸게 했다는 사실을 한 치의 착오도 없이 일사천리로 선포했던 것이다. 느브갓네살 왕의 마음속에 전광석화 같은 한 줄기 환한 전율이 지나갔다. 그는 편안하기 그지없는 젊은 신하의 얼굴을 바라보며 속으로 '나는 앞으로 이 사람과 함께 제국의 경영을 의논하겠다'고 다짐했다.

왕의 고백과 감사

- 너희 하나님은 참으로 모든 신들의 신이요 모든 왕의 주재(Lord of
  kings)이시다. 네가 능히 이 은밀한 것을 나타내었으니 네 하나님은
  또 은밀한 것을 나타내시는 분이심이 틀림없도다.

느브갓네살 왕의 대답은 다니엘이 섬기는 신은 '신들의 신'이고, 왕이 지
금까지 존경하던 여러 왕들 가운데 '왕들의 주재'시라고 인정했던 고백이
었다. 그는 다니엘의 신은 또 모든 이 땅의 왕들을 다스리는 역사의 주인
이고 세상 모든 비밀을 나타내시는 신이라고 고백했던 것이다. 느브갓네
살 왕은 자신도 모르는 사이에 벌떡 일어나 다니엘 앞에 넙죽 엎드려 절
을 했다. 그는 다니엘이 섬기는 하늘에 계신 하나님을 향해 경배를 드렸던
것이다.

왕의 새로운 인식

느브갓네살 왕은 다니엘의 지혜와 총명을 이전부터 알고 있었지만 꿈 해
몽 사건을 통해서 그가 세상의 지혜와 지식만 충족한 것이 아니라 그가 큰
능력의 '하나님'과 함께하는 사람인 것을 알게 되었다. 이번 사건을 통해서
왕은 무엇보다 다니엘의 충성과 신실한 인격을 깨닫게 되었다. 그는 교만
하지 않고 위기에 처해서도 왕의 명령을 따르고 자신의 생명을 내놓고라도

왕과 나라를 지키고 보호할 사람인 것을 알게 되었다. 왕은 곧 다니엘의 직분을 파격적으로 높여서 바벨론 온 지방을 다스리는 높은 직책을 주었다. 그는 또 다니엘을 바벨론의 모든 '지혜자'들을 감독하는 책임자로 임명해서 그를 나라의 정신적 지도자로 세웠다.

2장의 결론

앗시리아 제국을 무너뜨리고 세상 나라들과 민족을 정복하고 바벨론 왕국을 일으킨 젊은 느브갓네살 왕이 자신과 제국의 장래를 생각하며 고민할 때 하늘의 주재가 그에게 바벨론 왕국시대가 끝나고 무려 5백 년 동안 계속될 중근동 지역의 여러 왕국들을 화려한 신상의 몸을 네 부분으로 나누어 비유적으로 소개하고 그 끝에 사람의 손으로 뜨지 않은 한 돌덩이로 상징하는 하나님의 능력이 이들 왕국들을 모두 깨뜨리는 환상을 보여주며 진정한 역사의 주관자는 왕들이 아니고 하늘의 주재임을 보여주었다. 놀라 잠을 깬 왕에게 아무도 그의 꿈과 해석을 알려주지 못할 때 유대 왕국에서 잡혀왔던 다니엘이 그가 믿는 여호와 하나님의 계시로 이 모든 것을 깨닫고 왕에게 알려줌으로, 결국 하늘의 주재는 이스라엘 민족이 믿는 여호와 하나님이신 것을 세상에 공포하는 사건이 되었다.

1장과 2장의 시기 문제

1장은 기원전 605년 느브갓네살 왕의 원년에 있던 사건이고, 2장은 그의 제위 2년째 일어났던 사건이다. 유대 소년들의 바벨론 양육 기간이 3년이었다는 사실에서 1, 2장의 시기 산정에 약간의 문제점이 보인다. 두 장 사이의 시간은 오늘의 상식으로는 1년뿐이지만 실제로는 2장 얘기는 1장 얘기에서 더 많은 햇수가 지난 후의 사건이다. 당시의 '원년' 혹은 '제위' 기간 산정 방법이 학자들 사이에 여러 이견이 있기 때문에 정확하게 정하기는 어렵다.

제국의 전성기 그리고 세상의 승자

이스라엘 민족은 천지를 창조한 '여호와 하나님'을 오직 유일한 신으로 믿는 민족이었다. 그들은 여호와 하나님 외에 어떤 신들의 존재도 받아드리지 않는 세계 유일한 민족이었다. 그들은 어딜 가든지 배타적 신앙 때문에 다른 민족과 화합을 못하고 그들만의 문화권을 유지하며 따로 살았다. 그들은 이런 종교적 이유로 어딜 가든 그곳 거주 주민의 경원을 샀고 많은 경우 미움을 받고 살았다. 그들은 이것을 또 당연한 것으로 받아들였다.

3장 얘기는 바벨론 성에서 높은 관리가 되었던 다니엘의 세 친구가 그곳 주류 민족인 갈대아 인들의 시기와 질투를 받고 겪었던 심각한 도전을 전하는 첫 얘기이다. 그들은 모두 느브갓네살 왕이 총애하던 왕궁 중신들이었고 왕의 출신 민족인 갈대아 민족 신하들을 오히려 감독하고 다스리는 입장이었다. 이들 갈대아 사람들은 자신들이 여러 민족이 살던 바벨론 나라의 주인 민족으로 다른 민족들보다 우수하고 그만큼 영향력을 가진 민족이라고 생각했다. 그러나 동족이었던 느브갓네살 왕은 민족들을 가리지 않고 능력과 필요에 따라 사람들을 등용하고 높은 직책을 주었다. 그는 특히 유대 민족 가운데 포로로 잡아왔던 젊은이들에게 갈대아 민족과 다른 민족을 다스리고 감독하는 높은 궁중 관리로 뽑아서 나라의 경영을 맡기고 있었다. 자연스럽게 유대 청년들은 이들 본토박이 민족인 갈대아 사람들의 질투를 샀다. 그들은 어떤 수를 써서라도 이들 유대인들을 제거하고 왕궁 주도권을 잡기를 원했고 은밀하게 그 기회를 보고 있었다.

다니엘의 세 친구들이 드디어 그들의 모함으로 사지에 빠졌다가 그들이 섬기던 여호와 하나님의 기적적인 도움으로 사지를 벗어났다. 당시 북방 지역에 널리 퍼진 다신론을 믿던 느브갓네살 왕의 시퍼런 살아 있는 권세가 하나님의 사람들이 벌린 놀라운 사투로 패배하고 말았다. 바벨론의 제왕은 왕년에 북방 여러 지역에서 많은 전투를 치렀고 피투성이 전투에서 늘 승리했던 역전의 용사였지만 하늘의 하나님 앞에서는 패할 수밖에 없는 인간임을 그림처럼 전하고 있다.

제국의 전성기, 우상숭배

제국의 전성기 갑자기 느브갓네살 왕의 명령으로 사람들이 거대한 금신상 하나를 바벨론 두라(Dura) 평지에 세웠다. 키가 30미터에 폭이 3미터에 달하는 황금신상은 위엄을 천하에 떨치던 바벨론 왕국의 느브갓네살 왕이 믿던 신 혹은 자신을 상징하는 우상이 분명했다. 그리고 엄중한 왕명이 바벨론 성은 물론 전국 모든 관리들에게 떨어졌다. 제국에 있는 모든 관헌은 총리나 방백과 재판관은 물론 지역과 언어가 다른 모든 민족의 관헌들이 바벨론 성에 모여서 신상 낙성식에 참석하라는 왕명이었다. 그리고 참석한 모든 사람들은 나팔과 피리와 수금과 삼현금과 양금과 생황과 그리고 다른 악기 소리를 듣는 즉시 그 신상 앞에 엎드려 경배하라는 명령이었다. 날벼락 같은 왕의 명령은 파발을 타고 바벨론 성뿐만 아니라 넓은 바벨론 왕국에 선포되었다.

느브갓네살 왕은 위대한 정복자이고 제국의 영광스런 왕으로 전성기를 구가하고 있던 때였다. 궁중의 중신들이 모여서 왕을 즐겁게 할 행사를 마련했다. 왕이 한 거대한 신상을 두라 평지에 세우고 만백성은 물론 제국의 모든 관헌들이 나와서 그 신상 앞에서 엎드려 경배를 드리게 해서 제왕과 바벨론 왕국에 대한 충성과 복종을 나타내는 거창한 행사를 벌이자는 것이었다. 광대한 지역에 언어가 다른 여러 민족들이 살던 제국에는 늘 크고 작은 반란이 일어났다. 큰 반란은 왕 자신이 출정해서 진압했고 작은 것들은 지역 수장들이 해결하도록 했으나 워낙 넓은 땅에 여러 토종 민족들이 살았던 까닭에 분쟁과 반란은 끝이 없었다.

왕은 나라 안의 모든 관헌들과 백성들이 다 나와서 함께 충성과 복종을 서약한다면 그보다 더 좋은 일이 있을까 생각하며 신하들의 건의를 곧 수락하고 엄한 왕명에 인장을 찍었다. 그러나 이런 화려한 행사의 이면에는 끔찍한 음모가 도사리고 있었다. 왕은 그가 신임하던 유대인 관헌들을 해치려는 갈대아 중신들의 음모가 행사의 이면에 숨어 있는 것을 몰랐다. 왕명은 곧 왕국 전역에 내려졌고, 만일 누구든지 명을 따르지 않는 자는 불이

활활 타는 뜨거운 풀무 불에 던져 죽이겠다는 무서운 형벌이 그 속에 포함되어 있었던 것은 물론이다.

그러나 다니엘의 세 친구는 그들이 믿는 신앙을 충실하게 따르는 신자들이었다. 그들은 이런 무시무시한 벌칙과 그 위에 왕의 문장이 찍힌 것을 알고도 신상 앞에 나오지 않았고 낙성식이 벌어진 그날 조용히 집에 머물렀다. 그들은 유대인의 계명을 버리고 우상이던 신상 앞에 경배하는 것을 거부했던 것이다. 이들의 왕명 거부는 곧 궁 안에 알려졌다.

권력과 음모

고대 제왕의 명령은 살아 있는 법이었고 누구도 선악이나 호불호를 따질 수 없고 그것을 어길 때는 오직 죽음이 있을 뿐이었다. 왕의 궁정에서 녹을 먹는 관리들은 권력의 시종들이고 높을수록 적극적인 동조자들이었다. 권력의 속성은 누구나 더 큰 권력을 얻는 것이고 이를 위해 선악을 가리지 않고 무슨 짓이라도 하는 것이 정치였다. 누구나 이런 암투에서 실패하면 권세를 잃고 생명까지 부지하지 못했다. 역사가 고대부터 증명했던 권력과 정치의 기본이다. 권력과는 먼 백성은 그때나 지금이나 시비를 가리는 것보다 권력에 순종하며 사는 것을 미덕으로 여겼다.

왕궁의 권력 암투

다니엘을 포함해서 세 친구들은 왕의 총애를 받으면서 왕궁에서 승승장구했다. 왕과 같은 민족인 갈대아 인은 말할 것도 없이 왕을 섬기던 다른 관리들이 유대인들의 성공을 시기하고 두려워했다. 이들은 유대인들이 휘두르는 권세와 지위가 부럽기만 했다. 이들은 기회가 오면 그들을 모함해서 권력에서 쫓아내려는 의도를 가지고 오래전부터 기회를 찾고 있었다. 이들이 유대인의 신앙생활을 속속들이 파헤쳐 한 가지 묘안을 만들어냈다. 다니엘의 세 친구들은 꼼짝없이 음모에 휩싸였고, 음모를 진행했던 갈대아 관헌들은 절호의 기회를 포착했다. 그들은 왕에게 이들의 위법 사항을 즉시 알렸다. 왕은 왕국의 인장이 찍힌 자신의 명령을 거역한 관리들을 법으로 다스릴 수밖에 없었다. 그러나 왕은 평소 이들 유대 관리들의 신앙과 성실을 사랑해서 살려주고 싶은 마음이 간절했다.

그는 다니엘의 세 친구를 즉시 왕 앞으로 불러서 제국에서 살아가려면 왕이 정한 '법과 질서'에 순종해야 하지 않겠느냐고 물었다. 그들이 지금이라도 마음을 바꾸고 왕의 시책을 따르면 살려주겠다는 특별한 은총을 내렸다. 왕은 오래전이지만 다니엘이 해석했던 자신의 꿈 해몽 사건(2장 얘기)으로 '유대인의 하나님'을 알고 있었다. 그들이 신앙문제로 승복을 할 수 없더라도 '왕정의 안정'을 위해서 한번쯤 형식적이라도 협조를 하라고 은근히 설득했던 것이다. 그러나 제왕 앞에선 젊은이들의 신념과 용기는 왕의 간청을 무색하게 만들었다.

- 왕이여, 우리가 섬기는 하나님이 살아 계시다면 우리를 맹렬히 타는 풀무 불 가운데서 능히 건져내시겠고 왕의 손에서도 건져내실 것입니다. 그렇게 하지 아니하실지라도 왕이여, 우리가 왕의 신들을 섬기지도 아니하고 왕이 세우신 금 신상에게 절하지도 아니할 줄을 아옵소서.

느브갓네살 왕은 대국의 제왕이었다. 유대인 관헌들의 단호한 대답은 제왕의 마음을 크게 상하게 했다. 결국 왕은 화를 내면서 '유대인의 신앙'이 살아 있는 '왕명'을 이기나 보자면서 그들을 불구덩이에 던지라고 명령을 내렸다. 그는 얼마 전에 몇 번이나 반란을 일으켰던 예루살렘 성에 최후로 자신의 대군을 파견해서 무자비한 공격으로 예루살렘 성을 점령하고 성과 성전을 폐허로 만들었다. 아무리 '유대인의 하나님'을 섬기는 성이나 성전도 사나운 군사들의 공격에는 무너지고 말았던 것이다. 지금 많은 시간이 지났지만 그의 마음속에는 다른 민족과 달리 유별난 '유대인의 신앙'에 대한 강력한 반발과 오기가 문득 살아났다.

불 속에 나타난 인자

느브갓네살 왕은 그들을 불 못에 던져 넣은 후 무슨 생각이 났는지 풀무 불 곁으로 가서 그 안을 살펴보았다. 놀랍게도 왕은 네 사람이 불 속을 거닐고 있는 것을 보았고 그 가운데 하나는 사람의 모습을 한 신의 형상으로 보였다. 왕이 급히 풀무 불 앞에서 유대 청년들을 불러냈다. 다니엘의 세 친구가 묶인 채 불 밖으로 걸어 나왔다. 그들은 놀랍게도 전신이 온전했고 풀무 불에 던져질 때 입었던 옷은 그을음 한 점 없이 말짱했다. 그들은 머리카락 하나도 불에 타지 않고 전혀 손상이 없이 멀쩡한 모습으로 걸어 나왔던 것이다.

왕은 불 못에서 이들을 안전하게 지킨 유대인의 하나님을 인정했고 몸을 굽혀 절을 하며 다시 한 번 더 그의 존재를 인정하지 않을 수 없었다. 왕은 유대인의 하나님을 믿는 신앙이 옳다는 결론을 내렸다. 그리고 그는 다니엘의 하나님, 세 유대인 청년들이 믿는 유대인의 하나님을 자신의 하나님이라고 부르며 몸을 굽혔다. 왕은 조서까지 내려 각 백성과 나라와 각 언어를 말하는 자가 모두 유대인 사드락과 메삭과 아벳느고의 하나님께 경솔히 말하거든 그 몸을 쪼개고(칼로 죽이고) 그 집을 거름터로 삼을지니(집을 헐고 오물 구덩이로 만들 것이니) 이는 이같이(어떤 죄와 형벌에서도) 사람을 구원할 다른 신이 없음이라고 선포했다.

신념과 용기

지상에서 절대적인 왕의 위엄과 권능은 전능하신 하나님 앞에서 다시 한 번 초라해졌다. 느브갓네살은 겸손하게 '그들의 하나님'은 이 땅 위에 존재하는 어떤 신들보다 크고 어떤 왕들의 권능보다 크다고 실토했다. 그리고 그들을 더욱 높여서 자신의 제국을 다스리는 관리들로 지위를 더 높여

주었다. 왕은 젊은 시절부터 누구보다 신념과 용기를 인간의 미덕으로 삼고 전쟁터를 누볐던 장군이었다. 그는 다니엘의 세 친구에게서 그동안 잊고 지냈던 인간의 존엄성을 다시 기억하면서 그들을 더욱 중용하게 되었던 것이다.

세 번째 이야기의 결론

엄청난 세상 권세 앞에서 오직 하나님의 신실함을 믿고 생명을 던졌던 유대인 친구들이 얻었던 기적 얘기이다. 기적은 인간의 한계가 끝날 때, 세상의 방법이 모두 사라졌을 때 그리고 많은 사람의 생사가 달린 절체절명의 순간에 일어날 수 있는 초자연적 사건이다. 세상 사람들은 기적은 종교 세계에서 일어나는 신비한 일이라고 은근히 사실이나 과학적 근거가 없는 공허한 사건들로 치부한다. 그러나 영으로 세상을 다스리는 하나님은 사람같이 물리적 환경에 구속을 받지 않는다. 고뇌의 순간에서 믿음의 눈을 뜨고 영으로 간구하는 사람들이 실제로 보고 겪을 수 있는 사건이 기적이다.

오래전부터 신앙을 모르는 사람들이 세 번째 얘기를 단순한 옛이야기 거리로 넘겼고 지금도 그렇게 생각하는 사람이 많다. 그러나 이 얘기는 믿음의 눈이 아니더라도 역사적 확증이 분명히 있다. 그것은 〈다니엘서〉의 후반부 예언이 그가 죽고 나서 4, 5백 년이 지나면서 모든 것이 하나씩 사실로 밝혀졌다는 사실에서 지금까지 다룬 얘기들 속의 기적 사건도 이 책이 기록한 모든 역사적 사실 가운데 있는 실제 사건들로 인정하기에 부족함이 없다는 것이다.

〈다니엘서〉의 주인공인 다니엘은 우리의 상식이나 전통적 사고를 뛰어넘는 하나님의 기적을 본인이 먼저 경험했고 그것을 후세에 전하려는 뜻에서 이를 기록했던 선지자이다. 특히 하나님의 사람은 하나님의 기적을 긍정적으로 받아들이는 사람들이다. 기적은 하나님의 존재를 믿는 모든 이가 경험하는 사건이고 일상적인 사건들이기 때문이다.

바벨론의 3차 예루살렘 침공

1차 침공은 주전 605년, 유대 여호야김 왕 3년에 일어났고 그때에 다니엘 등 유대 포로가 납치되었다. 그 후 2차 침공은 597년, 바벨론 군사는 예루살렘 성을 점령해서 살인과 약탈을 자행했고 당시 유대 왕이던 여호야긴 왕과 왕족 등 대규모 유대인을 포로로 잡아 인질로 끌고 갔다. 바벨론의 3차 침공은 그 후 새롭게 유대 왕으로 바벨론이 임명했던 시드기야 왕과 친이집트파들이 반란을 도모했을 때 일어났다. 예루살렘 성을 포위 공격하던 바벨론 정예군은 드디어 총공격을 감행했다. 주전 587년 예루살렘 성과 성전이 완전히 불에 타서 초토화되었고 유대 왕국은 망했다.

신앙과 기적

금이 여러 단계의 연단과정을 겪고 나서 정금으로 변하는 것과 같이 인간의 영혼은 여러 연단의 과정을 거치면서 세상의 불순물을 털고 순수한 영적 상태에 이른다. 사람이 이런 연단의 시간을 지나며 버리고 깨끗해진 마음 상태를 정금이라고 말한다면 다니엘과 그의 친구들은 정금 같이 순수해진 영혼의 대표적 경우로 꼽힐 것이다.

다니엘은 우선 조상들로부터 순수한 신앙을 물려받았다. 그는 또 철저한 박탈을 경험했다. 그는 세상에서 가지고 있던 모든 지위나 소유 그리고 인격까지 왕족에서 하루아침에 전쟁 포로라는 신분으로 전락하며 다 잃고 말았다. 그는 육신적 기능마저 박탈당하는 아픔을 겪었다. 결국 눈에 보이는 세상적인 것은 다 빼앗겼고 그에게 남아 있는 것은 아무것도 없었다. 그는 육신이 숨 쉬는 것과 마음속에 여호와 하나님을 믿는 신앙으로 출발해서 바벨론 왕국의 선한 통치를 위해서 전력을 다하며 인생을 보냈다. 그의 유대 친구들도 마음 상태는 같았다. 그들은 모두 하나님께로 가는 영적 길을 찾게 되었고 그것을 세상 사람들에게 가르쳤던 것이다. 이것으로 그들은 어려움을 이겼고 불가능 앞에서도 말씀을 믿고 구했던 까닭으로 기적을 이루어냈던 것이다.

느브갓네살 왕의 교만과 인격의 변화

그는 본질적으로 포용성이 큰 사람이었고 진실을 추구했던 성실한 기질을 가지고 태어났다. 그는 제위 초기에는 큰 영토를 안전하게 통치하는 데 힘을 쏟았다. 그리고 바벨론 성을 확장하고 유프라테스 강물을 끌어들여서 운하를 만들었고 성 주위에 넓은 해자를 만들었다. 그리고 왕은 타고난 건축가의 호탕한 기질을 유감없이 발휘해서 바벨론 성을 당대에 가장 크고 화려한 도성으로 만들었다. 중년기가 지나서 그는 한때는 마음속에 '천하제일'이라는 교만이 자라면서 청년기의 지혜와 판단력을 잃기 시작했다. 그러나 위기 때 다니엘과 그의 세 친구들이라는 경건한 유대인들을 통해서 큰 도움을 받고 인생이 변했다. 그리고 만년에는 드디어 하나님의 음성을 듣고 그에게 돌아왔던 이방인 왕이다.

그는 〈다니엘서〉의 세 번째 얘기를 통해서 두 번째 얘기에 이어서 다시 하나님의 존재와 역사를 실감했던 것이다. 그는 자신이 믿던 '벨'이나 '마르덕'이라는 갈대아 신들을 넘어 존재하는 천하 만물을 지은 창조주 하나님의 존재를 깨닫기 시작하면서 점점 새로운 사람으로 변하기 시작했고 그의 재위 말년에 일어났던 네 번째 얘기를 통해서 다니엘이 믿는 그 하나님을 의지했고 그의 도움으로 자신과 나라에 닥친 큰 위기를 극복했다.

유대 왕국의 종말과 다니엘

주전 612년, 바벨론 연합군이 앗시리아의 수도 니느웨를 공격해서 점령했고 그 뒤 609년에는 바벨론 연합군이 패주하던 앗시리아 군대와 그들을 지원하기 위해 출동했던 이집트의 느고 왕이 이끄는 군대를 유프라테스 강변에 있는 '갈 그미스'에서 각각 격퇴했다. 이집트는 그때까지 앗시리아와 함께 중근동의 맹주로 군림했으나 이 패전으로 중근동에서 강국으로 다시는 일어설 수 없는 패전국이 되었다.

이런 열강들의 패권 전쟁 가운데서 유대 나라는 느고 왕에 의해서 요시아 왕이 전사를 당하고 그 뒤를 이은 왕이 느고 왕에 의해서 체포되었을 뿐만 아니라 그를 대신해서 새로운 왕을 지명해서 유대 왕으로 세우는 치욕을 당했다. 므깃도에서 느고 왕을 막다가 전사했던 유대 왕은 유대 나라의 신앙부흥을 크게 이끌었던 '요시아' 왕이었다. 그는 '히스기야' 왕의 증손자였고, 느고가 납치해서 이집트로 돌아갔던 왕은 '요시아' 왕의 둘째 아들 '여호아하스'였다. 그리고 느고가 그를 대신해서 유대 왕으로 세운 왕은 그의 형인 '여호야김' 왕이었다.(609년) '여호야김' 왕은 예루살렘에서 11년 동안 왕위에 있었으나, 왕위에 있은 지 3년 만에 바벨론의 느브갓네살 왕이 예루살렘 성을 포위했다. 역사는 이를 바벨론의 1차 예루살렘 침공이라고 기록했다. 유대는 강대국의 무서운 군대 앞에서 최악의 전쟁을 피해서 그에게 항복하고 성전의 보물 얼마와 유대 귀족들을 포로로 내주었다.(605년) '여호야김' 왕은 그 후에도 8년을 더 유대 왕으로 재위했으나 5년이 지나면서 다시 바벨론 왕을 배신하는 바람에 느브갓네살 왕의 2차 침공을 불렀다. 그가 죽고 나서 유대 나라는 18살 먹은 '여호야김' 왕의 아들 '여호야긴'을 세워 유대 왕으로 삼았다. 그러나 '여호야긴' 왕은 바벨론 군사들의 포위 속에서 3개월을 버티지 못하고 느브갓네살 왕에게 항복했다. 느브갓네살은 '여호야긴' 왕과 왕족들 그리고 성전과 왕의 보물을 다 약탈하고 많은 유대인들을 포로로 잡아 바벨론으로 귀환하며 '시드기아'라는 여호야김 왕의 형을 유대 나라의 왕으로 임명했다.

다니엘은 '여호야김' 왕 3년에 대군을 이끌고 예루살렘 성을 포위한 느브갓네살 왕의 포로로 잡혀갔던 유대 왕족이었다. 성경 기록을 종합하면 그는 왕족(히스기야 왕의 후손, 왕하 20:17, 18절 예언)으로 '여호야김' 왕을 이어 등극했던 18살의 '여호야긴' 왕의 아우이거나 혹은 '요시아' 왕의 여러 아들 가운데 하나일 듯하며 포로 당시에 14살~15살의 소년이었다.

네 번째 이야기
느브갓네살 왕의
두 번째 꿈

네 번째 얘기(4장)는 총 12장으로 구성된 〈다니엘서〉의 한 장이지만 책의 여러 주제들 가운데 핵심을 전하는 이 책의 백미라고 볼 수 있다. 하나님 나라의 사람은 늘 그의 이름을 부르고 찬송하고 그의 영광을 높이고 찬양하며 사는 사람들이다. 오래전부터 사람들이 언제든지 하나님을 부르며 노래하기 쉽게 이런 아름다운 시와 노래를 모아서 한 묶음의 책으로 만들었다. 유대인이든 기독교인이든 우리가 즐겨 사용하는 〈시편〉이라는 성경이다. 시편은 총 150편의 시와 노래를 수록했고 그 가운데 대부분을 다윗 왕이라는 이스라엘의 한 왕이 지었다.

네 번째 얘기는 바벨론의 왕인 느브갓네살이 노년에 큰 사건을 겪고 백성들에게 사건과 자신의 변화를 알린 왕의 조서이며 이 조서에서 놀랍게도 〈시편〉을 지었던 다윗 왕의 마음과 같이 높으신 하나님을 찬양하는 순수한 기쁨을 찾아볼 수 있다. 북방의 거대한 제국을 오래 통치했던 왕이 드디어 높은 왕좌에서 내려와 교만을 버리고 하나님의 통치와 무한한 권능을 찬양하며 엎드리는 모습을 보게 되었다.

두 번째 느브갓네살 왕의 꿈은 왕의 만년에 겪었던 큰 환란을 예고했던 꿈이었다. 불길한 꿈은 꿈을 꾸었던 당사자인 왕이나 그를 도와 제국을 오랫동안 안정적으로 통치했던 왕정의 협력자였던 다니엘에게 모두 헤쳐 나가기 어려운 시련을 예고하는 꿈이었다. 다행히 다니엘의 지혜와 총명으로 왕은 위기를 모면하고 제국은 큰 혼돈에서 벗어났다. 그러나 꿈이 현실로 닥치기 전에 다니엘과 왕은 미리 많은 준비를 했고 그 과정은 쉽지 않았을 것이다. 꿈을 확실한 기정사실로 받아들이기 어려웠을 왕을 설득하는 문제나, 왕을 설득하고 나서도 이런 미래에 닥칠 위기를 중신들에게 발설하는 것은 당시 반란이 잦았던 왕정의 성격을 미루어볼 때 매우 위험한 일이었다. 다니엘과 왕은 이런 어려운 국면에서 신뢰를 가지고 대책을 준비했을 것이다. 두 사람 다 완전한 상호 신뢰가 없었다면 어려웠을 결정을 고민을 하며 준비했을 것이다. 이런 면에서 왕과 신하, 두 사람은 진정한 친구였고 왕정의 동반자였던 사실이 증명되었다.

왕과 다니엘의 고민

느브갓네살 왕이 어느 날 관헌들과 백성들에게 내리는 조서를 발표했다. 왕의 조서는 먼저 천하에 거주하는 모든 백성과 나라들과 각기 다른 언어를 사용하는 자들에게 큰 평강이 있을 것을 기원했다. 그는 조서에서 '지극히 높으신 하나님'이 왕에게 행한 이적과 놀라운 일을 천하에 거주하는 모든 백성에게 알리는 것을 기뻐하고 그리고 하늘에 계신 '지극히 높으신 하나님'은 이 땅의 '교만한 자'를 그가 대제국의 제왕일지라도 능히 낮추는 하나님이심을 그가 친히 경험했다고 토로하며 두 번째 꿈 얘기를 시작했다. 특별한 점은 왕은 조서를 시작하기 전에 먼저 만백성에게 평강을 기원했다. 그가 고대 제왕에게서 보기 어려운 백성에 대한 배려를 먼저 전한 것은 특별한 일로 꿈을 통해서 일어났던 그의 인격 변화를 단적으로 보여준다고 볼 수 있다. 그리고 그는 자신이 '교만한 자'라고 스스로를 죄인으로 고백한 점도 똑같이 그의 큰 내부 변화를 예고했던 것이다.

왕이 내린 조서는 왕이 나이가 들어서 왕궁에서 평안할 때 한 꿈을 꾸고 그로 말미암아 마음이 심히 불안해서 바벨론의 모든 지혜자를 모으고 꿈 해석을 알리라고 명령을 내렸다고 시작했다. 그러나 나라 안에 있던 모든 지혜자가 왕에게 해석을 주지 못할 때 갈대아 말로 벨드사살이라고 부르던 다니엘이 왕의 앞으로 불려 나왔다. 왕은 급히 다니엘에게 자신이 환상 가운데 보았던 꿈의 내용을 설명하고 그의 놀라운 영적 능력을 인정하며 해석을 명했다.

"내가 침상에서 나의 머릿속으로 받은 환상이 이러하니라. 내가 본즉 땅의 중앙에 한 나무가 있는 것을 보았고 그 높이가 높더니 나무가 자라서 견고하여지고 그 높이는 하늘에 닿았으니 그 모양이 땅 끝에서도 보이겠고, 그 잎사귀는 아름답고 그 열매는 많아서 만민의 먹을 것이 될 만하고 들짐승들이 그 그늘에 있으며 공중에 나는 새는 그 가지에 깃들이고 육체를 가진 모든 것이 거기에서 먹을 것을 얻더라. 내가 침상에서 또 본즉 한 순찰자, 한 거룩한 자가 하늘에서 내려왔는데 그가 소리 질러 이르기를 그 나무를 베고 그 가지를 자르고 그 잎사귀를 떨고 그 열매를 헤치고 짐승들을 그 아래에서 떠나게 하고 새들을 그 가지에서 쫓아내라! 그러나 그 뿌리의 그루터기를 땅에 남겨두고 쇠와 놋줄로 동이고 그것을 들풀 가운데에 두 어라. 그것이 하늘 이슬에 젖고 땅의 풀 가운데에서 짐승과 더불어 제 몫 을 얻으리라. 또 그 마음은 변하여 사람의 마음 같지 아니하고 짐승의 마음 을 받아 일곱 때를 지내리라. 이 결정(Decision)은 순찰자(messengers)들의 심 판(Sentence)으로 내려졌고 이 판결(Verdict)은 '거룩한 자들'의 명령으로 내려 진 것인즉 '지극히 높으신 이'가 사람의 나라를 다스리시며 자기의 뜻대로 그것을 누구에게든지 주시며 또 지극히 천한 자를 그 위에 세우시는 줄을 사람들이 알게 하려 함이라 하였느니라."

왕의 명령

꿈은 왕에게 매우 불길한 내용이었다. 자신에게 미칠 불행을 예고하는 흉몽으로 두려운 나머지 왕은 바벨론의 모든 '지혜자'들을 불러 꿈의 내용 을 알려주고 해석을 요구했다. 그러나 그 가운데 아무도 능히 해석을 알려 주는 사람이 없었다.

마침내 왕은 바벨론 '지혜자'의 우두머리인 '벨드사살'이라고 바벨론식 이름으로 부르던 다니엘에게 꿈을 설명하며 해석을 물었다. '벨드사살'은 '벨이 보호하는 사람'이라는 바벨론식 이름이었고 그는 느브갓네살 왕이 가장 신임하는 관리였고 왕이 관헌들 앞에서 언제나 숨김없이 존중하는 바벨론 궁전에 속한 모든 '지혜자'의 머리였다. 왕이 다니엘을 벨드사살이라고 바벨론식 이름으로 부른 것은 그의 오랜 궁중의 삶과 충성심을 대변하는 말이었다.

- 박수장 벨드사살아! 네 안에는 거룩한 신들의 영이 있은즉 어떤 은밀한 것이라도 네게는 어려울 것이 없는 줄을 아노라. 내가 꿈에 본 환상의 해석을 말하거라.

다니엘의 꿈 해석

벨드사살이라 이름한 다니엘이 왕의 꿈 얘기를 다 듣고 크게 놀라며 한동안 몹시 번민하는 모습을 보이며 잠잠히 있었다. 그는 왕의 꿈 얘기를 듣고 꿈이 매우 불길한 꿈이고 왕에게 말을 직설적으로 전하기가 어려운 흉몽 가운데 흉몽임을 알았다. 왕도 이미 본능적으로 느끼고 있던 터이지만 그는 다니엘의 충성심과 능력과 지혜를 믿고 불길한 자신의 장래 일을 의논하고 함께 수습하기를 원했던 것이다.

왕의 주위에는 다니엘보다 더 나은 지혜와 명철을 가진 사람은 없었다. 그보다 더 중요한 사실은 다니엘보다 더 진실하고 믿을 만한 보좌관이 없었던 것이다. 왕은 그래서 군이 다니엘의 바벨론식 이름을 부르며 그의 왕에 대한 충성심에 호소하며 '꿈 해석'은 물론 왕이 처한 어려운 상황을 극복할 다니엘의 지혜로운 해결책을 원하는 자신의 소망까지 말 사이에 숨겨서 간접적으로 부탁했던 것이다.

다니엘은 왕의 재촉을 받고 나서도 선뜻 해석을 말하지 못했다. 그는 해석을 알리기 전에 어떻게 노년을 맞은 위대한 왕을 위로하고 '하늘에 계신 하나님'의 결정에 순종하며 따르게 할지를 고심하며 준비했다. 그곳에 모인 사람들도 꿈 애기를 듣고 그것이 왕에 대한 불길한 꿈이라는 것을 짐작했으나 함부로 발설했을 때 나타날 왕의 낙심과 분노를 은근히 걱정해서 모두 입을 다물고 있었던 것이다. 다니엘은 곧 왕이 꾼 꿈이 흉몽임을 지적하며 그 해석(Interpretation)을 천천히 말했다.

- 내 주여! 그 꿈은 왕을 미워하는 자에게 응하며 그 해석은 왕의 대적에게 응하기를 원하나이다. 왕께서 보신 그 나무가 자라서 견고하여지고 그 높이는 하늘에 닿았으니 땅 끝에서도 보이고, 그 잎사귀는 아름답고 그 열매는 많아서 만민이 먹을 만하고 들짐승은 그 아래에 살며 공중에 나는 짐승은 그 가지에 깃들었나이다. 왕이여, 이 나무는 곧 왕이시라. 이는 왕이 자라서 견고하여지고 창대하사 하늘에 닿으시며 권세가 땅 끝까지 미치심과 같나이다.
왕께서 보신즉 한 순찰자(천사), 한 거룩한 자가 하늘에서 내려와서 이르기를 그 나무를 베어 없애라. 그러나 그 뿌리와 그루터기는 땅에 남겨 두고 쇠와 놋줄로 동이고 그것을 들풀 가운데에 두라! 그것이 하늘 이슬에 젖고 또 들짐승들과 더불어 제 몫을 얻으며 일곱 때를 지내리라 하였나이다. 왕이여! 그 해석은 곧 지극히 높으신 이가 명령하신 것이 내 주 왕에게 미칠 것이라, 왕이 사람들에게 쫓겨나서 들짐승과 함께 살며 소처럼 풀을 먹으며 하늘 이슬에 젖을 것이요 이와 같이 일곱 때(7년)를 지낼 것입니다. 그때에 '지극히 높으신 이'가 사람의 나라를 다스리시며 자기의 뜻대로 그것을 누구에게든지 주시는 줄을 정녕 아시게 될 것입니다. 또 그들이 그 나무뿌리의 그루터기를 남겨두라 말한 것은 하나님이 다스리시는 줄을 왕이 깨달은 후에야 왕의 나라가 회복할 것입니다. 그런즉 왕이여 내가 아뢰는 충언을 들으시고, 공의를 행함으로 죄를 버리고, 가난한 자를 긍휼히 여김으로 하나님 앞에서 죄악을 사하소서! 그리하시면 왕의 평안함이 오래 계속할 것입니다.

두려운 꿈 얘기와 그에 대한 충성스런 해석을 자세히 설명한 조서는 끝으로 다니엘이 왕에게 건의했던 충언을 전하고 또 왕이 그것을 행하면 왕의 평안함이 오래 계속될 것이라고 기록했다.

왕과 다니엘, 왕정의 동반자

느브갓네살 왕의 조서는 그가 폐인이 되어 7년의 유폐기간을 넘기고 나서 정상적으로 그의 명철이 회복된 후에 기록했던 것이다. 왕은 명철을 회복하고 곧 예전과 같은 위엄과 영광을 회복했다고 전하며 조서는 끝났다. 그러나 조서에는 나타나지 않았지만, 사형 선고나 다름없는 엄중한 '꿈 해석'을 듣고 왕은 바로 비상사태를 대비하기 위한 특별 방안(Contingency plan)을 충성스런 신하 다니엘의 조언에 따라 미리 마련했을 것이다.

다니엘은 이때에 왕의 부재나 유사시를 대비하는 비상사태를 안전하게 이끌 주역이 되었을 것이라는 추정은 당연한 결론이다. 그는 느브갓네살 왕이 신임했던 가장 충성스런 보좌관이었고 다니엘은 이런 신의를 저버리지 않고 왕조를 끝까지 지켰다. 〈다니엘서〉 1장 마지막에 "다니엘은 고레스 왕 원년까지 있으니라"라는 추가적인 정보에서 그가 바벨론 왕조뿐만 아니라 이어졌던 메데와 페르시아 왕조에 이르는 긴 시간 고위 관헌으로 바벨론 지역에서 일을 했다는 점에서 분명해진다.

꿈 예언의 실상과 수습

폐인으로 추락한 왕

'꿈 사건' 이후 왕이 궁에서 평안한 날을 보내며 1년이라는 세월이 지났다. 온몸이 떨리던 꿈 사건은 다 잊어버릴 즈음이었다. 왕은 저녁을 먹고 나서 늘 하던 대로 궁전 옥상 위의 넓은 정원을 산책했다. 더운 지방에서는 집을 지으면 그 옥상을 잘 가꾸어 시원한 저녁을 앉아 즐기며 지내도록 짓는 오랜 관습이 있고 이는 지금까지 이어져 내려오고 있다. 바벨론 왕궁의 옥상은 그야말로 세상에 둘도 없는 크고 아름다운 옥상으로 느브갓네살 왕은 사랑했던 왕비의 출신 지역의 동산과 흡사한 넓고 긴 동산을 왕궁 옥상에 건축했었다.

느브갓네살 왕이 그 위를 걸으며 또 넓은 바벨론 성을 둘러보다가 자신도 모르는 사이에 큰 탄성이 입 밖으로 터졌다. "이 아름다운 정원과 저녁 노을에 붉게 물든 성이 얼마나 아름다운고! 과연 이곳이 지상 낙원이 아닌가? 내가 이 큰 도성을 능력과 권세로 축조했고 그 위엄과 영광이 빛을 발하고 있으니 이것이 바로 나의 것이 아닌가" 그는 황홀한 마음에서 탄성과 감탄의 말을 내었지만 그 소리가 아직 그의 입에 있을 때 하늘에서 소리가 들렸다.

- 느브갓네살 왕아, 네게 말하노라, 나라의 왕위가 네게서 떠났느니라. 네가 사람에게서 쫓겨나서 들짐승과 함께 살면서 소처럼 풀을 먹을 것이요 이와 같이 일곱 때를 지내서 지극히 높으신 이가 사람의 나라를 다스리시며 자기의 뜻대로 그것을 누구에게든지 주시는 줄을 알기까지 이르리라.

왕의 조서는 그 후에 일어났던 일을 차례대로 계속 기록했다.

- 바로 그때에 이 일이 나 느브갓네살에게 응하므로 내가 사람에게 쫓겨나서 소처럼 풀을 먹으며 몸이 하늘 이슬에 젖고 머리털이 독수리 털과 같이 자랐고 손톱은 독수리의 발톱과 같이 되었더라. 그 기한이 차매 나 느브갓네살이 하늘을 우러러보았더니 내 총명이 다시 내게로 돌아온지라, 이에 내가 '지극히 높으신 이'에게 감사하며 영생하시는 이를 찬양하고 "그 권세는 영원한 권세요 그 나라는 대대에 이르리로다"라고 칭송하며 경배하였노라. 땅의 모든 사람들을 없는 것 같이 여기시며 하늘의 군대에게든지 땅의 사람에게든지 그는 자기 뜻대로 행하나니 그의 손을 금하든지 혹시 이르기를 네가 무엇을 하느냐고 할 자가 아무도 없도다.

느브갓네살 왕은 비로소 '지극히 높으신 이'를 마음으로 인정하고 그의 영원한 권세와 다스림을 깨달아 알았다고 고백했다. 왕의 총명이 바로 그 때에 돌아왔고 만조백관이 왕에게 돌아와 경배했다고 조서는 그 대단원을 맺는 결론을 이렇게 전했다.

- 내 총명이 내게로 돌아왔고 또 내 나라의 영광에 대하여도 내 위엄과 광명이 내게로 돌아왔고 또 나의 모사들과 관원들이 내게 찾아오니 내가 내 나라에서 다시 세움을 받고 또 지극한 위세가 내게 더하였느니라. 그러므로 지금 나 느브갓네살은 '하늘의 왕'을 찬양하며 칭송하며 경배하노라. 그의 일이 다 진실하고 그의 행하심이 의로우시므로 교만하게 행하는 자를 그가 능이 낮추심이라.

왕의 교만

사람은 자칫 자기중심에 빠져서 '내'가 없으면 세상도 우주도 없다고 생각하는 사람이 의외로 많이 있다. 앗시리아 제국을 멸망시키고 천하를 평정한 끝에 바빌로니아 제국을 건설했던 느브갓네살 왕도 정복과 건설로 바빴던 청장년기를 보내고 높고 웅장하게 축조했던 왕궁 정원(The Hanging Garden)을 거닐며 아름다운 바벨론 성과 화려한 건축물을 내려다보며 흡족한 시간을 홀로 즐기는 때를 맞았다. 그는 기원전 630년에 태어나서 561년까지 거의 70세를 살았다. 기원전 615경 시작했던 앗시리아의 수도 니느웨 공격부터 지혜와 용기가 넘치던 젊은 장군은 기원전 605년에 바빌로니아 제국의 왕이 되었고 그 후에도 영토 확장과 바벨론 성의 눈부신 건설 사업으로 불철주야 쉴 줄을 몰랐던 왕이었다. 그가 마지막 숙원사업으로 기원전 568년 이집트를 침공해서 대승리를 거두고 돌아왔던 때는 그의 나이가 62세쯤 되던 만년이었다.

그는 정원을 거닐며 눈앞에 펼쳐진 화려한 도성과 그가 지금까지 이룩했던 숱한 승리와 업적을 잠시 돌아보며 그가 아니었다면 이런 세상을 누가 감히 만들 수 있었을까 생각하고 행복한 만족감에 빠졌다. 그는 이 도성이야말로 내 위엄과 영광을 나타내는 것이 아니냐고 스스로 묻고 혼잣말로 자신 있게 대답을 했다. 아무도 그의 생각과 결론에 '아니라'고 시비를 걸 사람은 세상에 없었다. 그러나 하나님은 그의 자만으로 가득한 말을 듣고 즉시 '아니라'고 답을 하고 꿈속에 천사를 보내어 왕에게 경고를 전했던 것이다.

다니엘의 호소

한편 다니엘은 느브갓네살 왕의 궁중에서 오랜 세월을 보냈고 이미 높은 대신의 지위에 있었다. 그가 왕 앞에 불려가 바벨론의 모든 지혜자 가운데 아무도 해석을 할 수 없었던 꿈속의 '경고'를 해몽하게 되었다. 다니엘은 이미 왕의 측근이며 왕정의 동반자 격인 자리에 있었다. 그는 왕의 꿈이 불길한 것이고 자칫 왕정의 종말을 경고하는 하나님의 메시지라는 것을 알고 충심으로 왕에게 그것을 알렸고 그 대책과 준비를 호소했다.

그는 하나님의 경고에 대한 최선의 대책으로 왕이 충성스런 신하의 건의를 받아들이기를 원했다. 그는 왕에게 공의를 행함으로 자신의 죄를 사하고, 가난한 자를 긍휼히 여김으로 죄악을 용서받기를 호소했다. 지혜로운 그는 하나님이 그의 무서운 결정을 왕의 즉각적인 회개로 혹시 바꾸시지 않을까 생각하며 왕에게 이런 건의를 했던 것이다. 사실 모든 죄악은 인간의 탐욕과 정욕 그리고 욕심에서 잉태하는 것이다. 권세가 있고 부한 자들이 흔히 이런 죄악을 짓는다. 공의는 하나님이 누구에게나 공평하게 베푸는 은혜이다. 하나님을 모르는 사람은 공의도 은혜도 모른다. 이것이 바로 죄인 것이다.

다니엘은 왕에게 하나님을 알고 공의를 행함으로 죄에서 벗어나고 또 가난한 자를 불쌍히 여김으로 죄악에서 벗어날 것을 권했던 것이다. 그의 호소는 어느 때라도 권세나 지위와 재물이 있는 자들에게 똑같이 적용할 수 있는 황금률이다. 사람들이 죄를 버리고 죄악을 짓지 않도록 인도하는 바른 방법임을 보여주는 귀한 교훈인 것이다.

네 번째 이야기의 결론

느브갓네살 왕은 7년이라는 긴 시간을 미치광이로 들판에서 짐승들과 함께 살았다. 그의 명석했던 마음과 강한 기세는 간 곳이 없고 사람들이 버린 폐인이 되어 짐승처럼 살았다. 7년의 세월이 지나고 어느 날 하나님의 은혜로 그는 다시 옛 모습을 찾았고 지혜와 명철이 돌아왔다. 그가 이때에 하나님은 제국의 왕을 세우기도 폐하기도 하는 전능하신 하나님이고 바벨론 왕국은 물론 인류의 역사를 주관하는 역사의 주인임을 깨닫고 인정하게 되었다. 그가 하나님을 영접하고 그에게 기쁘고 감사가 넘쳐서 하나님을 찬송하고 높이는 고백을 조서에 담아서 만천하에 공개했다.

세상에 사는 어떤 사람도 하나님의 존재를, 우리가 사는 지구 위의 모든 것을 다스리는 '지극히 높으신 이'에 대해서 그 존재를 부인하는 사람은 없다. 지혜롭고 용맹한 느브갓네살 왕은 청년기와 장년기를 바쁘게 보냈다. 그는 제국의 왕이 되었던 젊은 시절 첫 번째 꿈을 통해서 인류 역사에 나타날 여러 민족과 나라를 주관하는 '하늘에 계신 하나님과 그 나라'를 알았고 그리고 다니엘의 세 친구들이 풀무 불에서 살아났던 사건을 직접 목도하면서 유대인이 믿던 하늘에 계신 여호와 하나님의 큰 능력을 직접 경험했던 왕이었다. 그럼에도 불구하고 그의 마음은 수많은 정복 전쟁과 그리고 승리와 막대한 전리품으로 교만해졌다. 그는 또 바벨론 성의 중건과 신전과 궁전의 건축에 온 정력을 쏟았었다. 드디어 장년이 지나고 인생의 노년기에는 그는 숙원사업이던 이집트를 공격해서 승리를 거두었다. 그가 두 번째로 꿈을 꾸고 다니엘의 명쾌한 해석으로 그는 '하늘에 계신 하나님'이 그에게 마지막 경고를 내리는 것을 알았지만 그 하나님을 온전히 인정하고 자신을 바꾸지는 못했다. 7년의 유폐기간을 지내고서 그는 하나님을 온전히 믿고 유일하신 하나님으로 받아들였던 것이다.

2장, 3장과 4장의 시기 추정

3장 사건은 시기적으로 2장 사건이 일어난 후 느브갓네살 왕의 영화가 절정에 있을 때에 일어났다. 4장 사건은 여러 가지로 보아서 느브갓네살 왕의 만년에 일어났던 사건으로 보여진다. 기원전 568년경 그는 오랫동안의 숙원사업이던 이집트 침공을 감행하고 승전한 뒤 왕궁으로 돌아온 후에 일어났던 사건 같다. 그러나 3장 사건은 예루살렘 성에 대한 3차 공격 이전 2차 침공 후 예루살렘 성을 함락한 뒤에 자신감에 도취된 왕이 행했던 일인지 혹은 3차 침공으로 유대를 멸망시키고 난 후에 한 일인지가 분명하지 않지만, 느브갓네살 왕의 교만한 태도로 보아서 기원전 587년 즉 예루살렘 성의 완전 파괴와 유대 왕조의 멸망 후에 일어난 사건 같다.

느브갓네살 왕과 유대 멸망

갈그미스 전투에서 대패했던 이집트 왕 '바로'는 몇 년이 지나지 않아 군대를 정비하고 역사적으로 그의 영향력 아래에 있던 팔레스타인 지역의 소국들을 부추기며 반바벨론 세력을 은밀하게 구축했다. 이집트는 이런 가운데 친이집트 성향의 유대 왕인 여호야김 왕에게 손을 뻗쳤다. 그는 결국 유대까지 다시 그 속에 가담하도록 유도했고 이런 변화는 유대 왕국에 대한 바벨론의 2, 3차 공격을 유발했고 급기야 멸망의 길로 빠지게 했다.

한편 느브갓네살 왕이 다스리는 북방 제국의 입장에서는 이집트와 팔레스타인의 여러 부족 나라들이 단합해서 반바벨론 전선을 구축하는 것을 도저히 그대로 놔둘 수는 없었다. 그는 드디어 주전 601/600년, 다시 대군을 거느리고 팔레스타인 지역으로 내려와 여러 민족들의 항복을 받고 이집트를 공격했다. 그러나 이집트와의 전투에서 느브갓네살 왕은 처음으로 전투에서 패했고 큰 손실을 입고 군대를 철수하고 말았다.

이 사건이 빌미가 되어서 친 이집트 경향의 여호야김 왕은 매년 바벨론에 보낼 공물을 보내지 않고 오히려 적대적 입장으로 돌아 섰다. 느브갓네살 왕은 다시 팔레스타인 지역으로 대군을 이끌고 진출해서 서북쪽의 아라비아 민족을 치고 나서 곧장 예루살렘 성을 포위하고 공격하기 시작했다. 이때가 바로 기원전 599년 12월이고, 거의 3년을 끌던 공격으로 597년 3월 예루살렘 성이 함락되었을 뿐만 아니라 온 예루살렘 성이 바벨론 군대에 의해서 초토화되었고 쓸 만한 유대인들은 모두 북방으로 사로잡혀 갔다. 이때가 '바벨론의 2차 침공'이었다. 그 이전 1차 침공은 605년에 있었던 예루살렘 성 포위와 다니엘 등 포로들이 성전 기물과 함께 바벨론 성으로 끌려갔던 때였다.

바벨론 나라에 반기를 들었던 여호야김 왕은 성이 함락되기 전에 죽었고 그 뒤를 이어 왕이 되었던 여호야긴(Jehoiachin) 왕과 그 가족은 2차 침공의 결과로 포로로 잡혀 모두 바벨론 성으로 압송되었다. 느브갓네살 왕은 여호야긴 왕 대신에 여호야김 왕의 동생인 시드기야를 바벨론의 꼭두각시 왕으로 세우고 바벨론 성으로 귀환했다. 시드기야 왕은 그 후 10년도 안 되는 짧은 시간을 유대 왕조에 더 보탰던 마지막 유대 나라의 왕이 되었다.

느브갓네살 왕은 곧 귀국해서 596/595년 동쪽 엘람(Elam) 지역의 반군을 소탕하기 위해서 다시 전투를 벌였다. 그 사이 시드기야 왕이 다스리던 예루살렘 성은 친바벨론 성향의 유대인과 친이집트 성향의 유대인들로 나뉘어져 해가 뜨면 서로 싸웠다. 차츰 친이집트 유대인들이 세력을 얻었고 특히 이 가운데 급진적인 유대주의자들이 바벨론 나라의 압제를 규탄하며 주둔하고 있던 바벨론 군을 모두 살해하는 사건이 일어났다.

결국 주전 587년, 느브갓네살 왕은 다시 군대를 거느리고 예루살렘 성을 포위 공격했다. 오랫동안 성을 지키며 버티던 시드기야 왕은 식량이 떨어지고 백성들의 사기가 무너진 예루살렘 성을 소수의 군대와 함께 탈출하던 도중 광야 길에서 바벨론 군사에게 사로잡혀 분노한 느브갓네살 왕 앞에 서게 되었다. 반역을 감행했던 시드기야 왕은 자신의 눈앞에서 두 아들이 살해당하는 끔찍한 모습을 본 후에 자신의 두 눈마저 뽑혀서 바벨론 성으로 끌려가서 곧 죽고 말았다. 이 마지막 전쟁으로 예루살렘 성은 완전히 불에 탔고 성전도 불타고 파괴당한 끝에 형체도 없이 부서졌고 벽돌 한 장도 온전히 남은 것이 없었다. 유대는 많은 선지자들이 예언했던 것 같이 드디어 망했다.

느브갓네살 왕의 제위 기간은 44년에 이른다. 그는 통치 중반 지점인 582년에 다시 예루살렘 성에 군대를 보내서 남아 있던 유대인을 포로로 잡아 바벨론으로 끌고 갔다. 그가 정복자로서 마지막 야심을 이루었던 때는 기원전 568/567년에 다시 이집트를 공격해서 항복을 받아냈던 남방 출정이었다. 그는 후에 7, 8년을 더 살다가 제위 44년 그의 나이 69/70살 때 죽음을 맞았다.

〈공중에 떠 있는 정원〉(The Hanging Garden)

느브갓네살 왕은 자신이 사랑했던 메데 공주가 그녀가 나고 자랐던 소녀 시절의 환경을 바벨론 성 한가운데 만들어주고 그녀가 고향을 잊고 살도록 했다. 그는 성 안에 큰 교각을 이어서 공중에 아름답고 넓은 정원을 만들었고 공주가 그 정원에서 말을 달리며 고향의 향수를 달래도록 조성했다. 그가 정원을 만든 기발한 방법이 후세 역사가들을 놀라게 했고 지금도 세계 7대 불가사의 건축물로 알려져 있다. 사람들이 밖에서 그 정원을 보면 흡사 그것이 공중에 떠 있는 듯했고 그 안에는 메데 지역의 울창한 나무들과 화초를 옮겨 놓아서 공주는 자신도 모르는 사이에 그가 자랐던 동산을 마음껏 달리며 즐기도록 정원을 공중에 떠 있게 꾸몄던 것이다.

다니엘과 느브갓네살 왕의 관계 변화

바벨론의 느브갓네살 왕은 주전 630년에 태어나 561년경에 사망했다. 그의 사후 8년이 지나서 그의 손자로 알려진 벨사살 왕이 장인이었던 나보니두스와 함께 공동으로 왕위에 올라서 주전 539년 메데의 다리오 왕에게 망할 때까지 바벨론 나라를 다스렸다.

다니엘은 느브갓네살 왕이 맞았던 위기의 말년을 잘 극복하도록 도왔고 그가 70년에 걸친 인생을 평안하게 마감하도록 충성스런 신하로 끝까지 옆에서 그를 도왔다. 다니엘은 그 무렵 느브갓네살 왕을 한 사람의 신하로서 또 오랜 인생 동반자로 같이 살았던 지인으로 친구같이 지혜롭게 그를 잘 보필했다. 느브갓네살 왕도 유대를 멸망시키고 전쟁 포로로 납치했던 다니엘을 충실한 신하로 받아들였고, 또 누구보다 지혜롭고 현명했던 그를 왕정의 초기부터 평생 의지할 사람으로 인정했다. 두 사람이 다 상하를 떠나 철저하게 서로를 존중했고 함께 한 시대를 살았다.

두 사람의 관계는 분명 왕과 신하의 상하관계로 시작했다. 그러나 두 사람의 속마음은 시간이 지나며 흡사 마음이 통했던 친구들처럼 나라의 어려운 일들을 상의했고, 왕의 만년에 맞은 심각한 질병으로 인한 나라의 위기 때도 함께 그것을 극복했듯 왕과 친하였다. 두 사람은 나라나 민족을 떠나서 어려움을 극복하고 끝까지 서로 변함없는 신뢰를 평생 유지했고 그렇게 역사의 한때를 빛나게 했던 협력자들이었다.

왕이 대답하여 다니엘에게 이르되
너희 하나님은 참으로 모든 신들의 신이시요
모든 왕의 주재시로다
네가 능히 이 은밀한 것을 나타내었으니
네 하나님은 또 은밀한 것을 나타내시는 이시로다

3
장

바벨론의 멸망과
새로운 제국

다섯 번째 이야기
바벨론 왕국의 몰락

흥청망청, 어지러운 술잔치

바빌로니아 제국은 느브갓네살 왕이 주전 561년 사망하고 나서 그의 아들 아벨 마르덕이 왕이 되었으나 2년을 못 넘기고 살해당했고 그 뒤를 이어 두 왕이 공동으로 나라를 이어받아 나라를 통치했으나 겨우 23년의 시간이 지나서 벨사살이라는 마지막 왕이 메데의 공격을 받고 살해당함으로 끝장이 났다. 청년 영웅으로 역사 무대에 등장해서 44년 동안 종횡무진 북방 세계를 다스렸던 느브갓네살 왕과 비교하면 그 후예들은 하나같이 선왕에 미치지 못하는 자질이 부족했던 왕들이었다. 다니엘이 벨사살이라는 그 마지막 왕의 최후 모습을 5장에서 격한 마음으로 소개했다.

아버지가 존귀한 자라면 그 아들과 자손도 그럴 것이라고 생각하지만 세상은 그렇지 않은 경우가 더 많다. 바벨론 왕국의 마지막 왕이던 벨사살 왕은 선대왕과는 다르게 국정을 돌보는 것보다는 화려한 궁정에서 큰 잔치를 베풀고 왕비와 여러 후궁들 그리고 수많은 중신과 관헌들을 불러서 태평세월을 즐기며 진수성찬의 주연에 빠져 살았다. 섭정 왕으로 그와 공동으로 나라를 다스리던 왕의 장인 나보니두스 역시 왕정보다는 그의 괴팍한 취미를 쫓아서 사막이나 산 속에서 수행을 한답시고 왕정에는 관심을 보이지 않았다.

지도자가 이런 상황에서 나라의 재상이나 관리들은 당연히 나라 일은 제쳐두고 자신들의 사욕을 따르는 데 급급했다. 다섯 번째 얘기는 궁중의 방탕했던 모습과 그 위에 신성모독을 자행함으로 자신의 죽음은 물론 바벨론 왕국의 종말을 재촉했던 왕의 코미디 같은 모습을 소개했다.

의문의 손 글씨, 메네 메네 데겔 우바르신

벨사살 왕이 어느 날 바벨론의 귀족 천 명을 왕궁에 불러 큰 잔치를 베풀고 늘 하던 대로 질펀하게 술을 마시고 있었다. 술은 술을 불렀고 사람들의 마음이 물처럼 허물어지기 시작했다. 주흥이 도도할 때 여흥을 찾는 왕에게 주위에서 이색적인 놀이를 즐겨보자는 제안이 나왔다. 그동안 존재를 잊고 있던 보물, 그의 선왕이 예루살렘 성전에서 약탈해온 금 기물을 가져와 그것으로 술을 마시며 바빌로니아 제국의 태평성세를 기원하며 바벨론의 여러 신들을 찬양하는 승리의 축배를 들자고 했다. 그들은 색다른 재미를 보고 또 그렇게 해서 천하에 왕의 위엄과 바벨론 제국이 숭배하는 여러 신들을 높이자는 그럴듯한 제안이었다.

잔치자리에 곧 번쩍이는 금잔들이 왕과 귀족들과 왕후들과 후궁들의 앞에 놓였고 시종들이 술을 따라 부었다. 그들은 금잔으로 술을 마시고 금,

은, 구리, 쇠, 나무, 돌로 만든 그들의 신들을 찬양하며 잔치를 즐겼다. 주지육림의 연락이 궁 안을 뜨겁게 달굴 즈음 왕은 갑자기 사람의 손가락이 나타나서 왕궁 촛대 맞은편 하얀 석회 벽에 글자를 쓰고 있는 것을 보았다. 어둠 속에서 사람의 손이 불쑥 나타나 왕궁 촛대가 훤히 비취는 흰 벽에 이상한 글자를 쓰고 있었다. 그리고 손은 곧 자취를 감추고 그 자리에 '메네 메네 데겔 우바르신'라는 글자만 남았다.

술잔을 들고 환호하던 왕의 얼굴이 갑자기 굳어졌다. 그리고 무릎이 딱딱 부닥치는 소리가 옆에서 들릴 정도로 왕은 두려움으로 몸을 가누지 못하고 떨기 시작했다. 겁에 질린 왕은 곧 선왕들이 하던 대로 바벨론의 지혜자들을 모두 궁으로 불러들였다. 왕은 술객과 갈대아 술사와 점쟁이들에게 벽에 쓰인 글자를 보이고 그 뜻을 알리라고 명을 내렸다. 왕은 '바벨론 지혜자'들 가운데 누구를 막론하고 벽에 쓰인 글자를 읽고 그 해석을 왕에게 보이면 자주색 옷(왕의 옷)을 입히고 금 사슬을 그의 목에 걸어주고 섭정 왕인 나보니두스와 그에 이어 나라의 셋째 통치자로 삼겠다는 파격적인 상급을 선포했다.

바벨론의 지혜자가 다 궁중에 들어왔다. 그들은 왕명에 따라 흰 벽에 쓰인 글자들을 뚫어져라 보면서 해독을 하려고 했으나 아무도 글자의 해석은커녕 글자를 읽지도 못 하면서 쩔쩔매었다. 누구도 왕에게 글자의 뜻을 알려 주지 못했다. 왕은 더욱 두려움으로 죽을 지경이었다. 잔치자리는 갑자기 조용해졌고 사방에서 귓속말로 이상한 광경을 두고 수군거리는 소리가 들렸다.

선왕을 기억하는 왕비

이런 소동 가운데 선왕(느브갓네살 왕)의 왕비가 궁 안 깊은 곳에 있다가 이 소동 얘기를 전해 듣고 곧 잔치자리에 나가서 떨고 있는 왕에게 문제의 괴이한 글자를 읽고 해석할 사람으로 한 사람을 천거했다.

- 왕이여, 왕은 글자로 인해 심려를 마소서! 왕의 나라에 거룩한 신들의 영이 있는 사람이 있으니 곧 왕의 부친 때에 있던 자로서 명철과 총명과 지혜가 신들의 지혜와 같은 자입니다. 왕의 부친(혹은 조부) 느브갓네살 왕이 그를 세워 박수와 술객과 갈대아 술사와 점쟁이의 어른을 삼으셨으니 바로 벨드사살이라 이름하는 다니엘이라는 사람입니다. 그는 마음이 민첩하고 지식과 총명이 있어 능히 꿈을 해석하며 은밀한 말을 밝히며 의문을 풀 수 있었나이다. 왕은 이제 다니엘을 부르소서! 그리하시면 그가 글자의 해석을 알려드릴 것입니다.

중신 다니엘의 칩거

그러나 다니엘은 사건 당시에는 타락했던 벨사살 왕의 주위에서 멀리 떨어져 있었다. 다니엘과 느브갓네살 왕의 관계는 이미 과거의 일이었다. 느브갓네살 왕이 죽었을 때에 거의 60세 정도였던 다니엘은 그가 죽고 나서 20여 년 이어진 그의 후손들의 혼탁했던 왕정을 보았고 그들과 어울리기보다는 스스로 왕정을 떠나 은거를 택했다. 지혜와 용기가 넘치던 느브갓네살 왕과는 전혀 다른 아들 아멜 마르둑(Amel-Marduk) 왕이나 그 다음 왕위에 올랐던 나보니두스(Nabonidus) 왕과 느브갓네살 왕의 손자로 추정되는 벨사살(Belshazzar) 왕의 공동치세 기간 동안 다니엘은 그들의 의심스런 삶에서 왕국의 말로를 느끼고 있었고 그 때문에 고심하며 왕정에서 멀리 떠나 칩거하고 있었다.

의문의 글씨 해독

그동안 왕에게서 멀리 떠나 있던 다니엘이 불려와서 얼굴색이 파랗게 변한 왕 앞에 섰다. 왕이 그에게 물었다.

- 내가 네게 대하여 들은즉 네 안에는 신들의 영이 있으므로 너는 명철과 총명과 비상한 지혜가 있다 하도다. 지금 여러 지혜자와 술객을 내 앞에 불러다가 그들에게 이 글자를 읽고 그 해석을 내게 알게 하라 하였으나 그들이 다 그 해석을 내게 보이지 못하였느니라. 너는 해석을 잘 하고 의문을 푼다 하도다. 그런즉 이제 너는 이 글을 읽고 그 해석을 내게 알려 주면 네게 자주색 옷을 입히고 금 사슬을 네 목에 걸어 주고 너를 나라의 셋째 통치자로 삼으리라.

미간을 좁힌 다니엘이 겸손하지만 단호하게 왕에게 대답했다.

- 왕의 예물은 왕이 친히 가지며 왕의 상급은 다른 사람에게 주옵소서! 그럴지라도 내가 왕을 위하여 이 글을 읽으며 그 해석을 알려드

리겠나이다.

왕이여, 지극히 높으신 하나님이 왕의 부친(혹은 조부) 느브갓네살 왕
에게 나라와 큰 권세와 영광과 위엄을 주셨으므로 백성들과 나라들
과 언어가 다른 모든 사람들이 그의 앞에서 떨며 두려워하였고 그는
사람을 임의로 죽이며 임의로 살리며 임의로 높이며 임의로 낮추었
습니다. 그가 마음이 높아지며 뜻이 완악하여 교만을 행하므로 그의
왕위가 폐한 바 되었고 그의 영광을 빼앗기고 사람 중에서 쫓겨났었
습니다. 또 그의 마음이 들짐승의 마음과 같았고 들나귀와 함께 살며
소처럼 풀을 먹으며 그의 몸이 하늘 이슬에 젖었습니다. 그리고 왕이
지극히 높으신 하나님이 사람 나라를 다스리며 자기의 뜻대로 누구
든지 제왕 자리에 세우시는 줄을 알기까지 들짐승과 함께 살다가 다
시 소생하기에 이르렀나이다.

잠시 뜸을 들인 다니엘이 마음을 정한 듯 고개를 들고 말을 이어갔다.

- 벨사살 왕이여, 왕은 그의 아들이 되어서 이것을 다 알고도 아직도
  마음을 낮추지 아니하고 도리어 자신을 하늘의 주재보다 높이며 그
  의 성전 그릇을 왕 앞으로 가져다가 왕과 귀족들과 왕후들과 후궁들
  이 다 그것으로 술을 마시고, 그리고 왕은 보지도 듣지도 알지도 못
  하는 금, 은, 구리, 쇠와 나무, 돌로 만든 신상들을 찬양하고, 정작 왕
  의 호흡을 주장하시고 왕의 모든 길을 작정하시는 하나님께는 영광
  을 돌리지 아니했습니다. 이러므로 그의 앞에서 이 손가락이 나와서
  이 글을 기록하였나이다.

다니엘은 곧 감정을 정리하고 평소의 잔잔한 모습으로 돌아가 글자를 읽고 그 해석을 왕에게 알려 주었다.

 - 기록된 글자는 이것이니 곧 '메네 메네 데겔 우바르신'이라는 글자로, 그 글을 해석하면 '메네'는 하나님이 이미 왕의 나라의 시대를 세어서 그것을 끝나게 하셨다 함이요, '데겔'은 왕을 저울에 달아 보니 부족함이 보였다 함이요, '우바르신'은 왕의 나라가 나뉘어서 메대와 바사 사람에게 준 바 되었다는 뜻입니다.

천둥을 치듯 갑자기 무거운 침묵이 한참 동안 궁 안을 가득 채웠다. 벨사살 왕이 가까스로 정신을 가다듬었다. 출처를 알 수 없는 손가락이 갑자기 나타나서 흰 왕궁 벽에 글자를 쓴 것이나 그 글자를 아무도 읽지 못했던 것이나, 왕에게는 매우 불길한 징조인 것은 분명했다. 그가 평소에 멀리하던 백발의 노신 다니엘이 지금 왕 앞에서 겁도 없이 감히 왕의 사형선고와 같은 글자의 엄청난 해독을 선언했던 것이다. 말할 것도 없이 의심스런 글자의 의미는 곧 닥칠 바벨론 왕국의 멸망과 자신의 부족을 지적하는 하나님의 심판이 분명했다.

벨사살 왕은 격정을 가다듬고 그가 먼저 약속했던 것같이 다니엘에게 자색 옷을 입히고 두터운 금 사슬을 걸어 주었다. 그리고 왕은 조서를 내려 그를 나라의 셋째 통치자로 임명했으나 하루도 나라의 통치를 맡길 수는 없었다.

왕의 최후

다니엘은 느브갓네살 왕에게 충성을 다했던 충직한 신하였다. 그가 선왕의 교만을 지적하고 하나님이 그에게 교만을 깨닫고 세상을 주관하는 하나님의 다스림을 인정하게 만들었던 20년 전의 옛 일을 교훈 삼아 벨사살 왕에게 상기시켰다. 그리고 그는 왕이 지금 벌이고 있는 타락한 잔치와 거룩한 하나님께 드리는 금잔으로 자신과 왕비 그리고 후궁들이 감히 술을 마시며 우상숭배에 빠진 것은 용서할 수 없는 죄악이라고 냉혹하게 지적했다.

벨사살 왕은 다니엘의 지적에 마음이 처참하게 무너진 가운데 다니엘에게 마지막 희망을 걸었다. 총명과 대담함이 뛰어난 그를 보면서 왕은 그가 바벨론 나라의 셋째 치리자가 되어 어지러운 나라의 형편을 수습하기를 바라며 조서를 내렸다.

벨사살 왕은 불길한 예언에 씁쓸하게 연회를 끝내고 잠을 청했다. 하나님이 정했던 때가 이미 문턱에 이르렀던 것을 누가 알았을까? '밤새 안녕'은 그에게 없었다. 철벽과 같은 바벨론 성벽과 해자의 비밀 통로를 이미 다 파악했던 메대 군대는 늦은 밤 왕궁을 급습해서 침실에 자고 있던 왕을 살해하고 말았다. 넓은 북방 세계를 통일하고 대제국을 이룩했던 바벨론 나라가 새로운 메데-페르시아 제국으로 바뀌는 역사적인 밤이었다.

신구 왕국의 교차로에 선 다니엘

그날 밤에 갈대아 왕 벨사살이 죽임을 당하고 메대 사람 다리오가 나라를 차지했다. 그때 다리오 왕이 62세였다고 그의 나이가 〈다니엘서〉 5장 말미에 기록되어 있다. 다니엘은 그때 80세 정도의 고령이었지만, 다리오 왕의 등극과 함께 메대 왕의 궁정에서 최고의 대신으로 새로운 제국의 정치에 참여하게 되었다. 다음 얘기에서 이 사건의 후속 얘기가 나온다.

신바빌로니아 왕국의 역사와 다니엘

'바벨론 왕국'은 역사 교과서에서는 '신바빌로니아 제국'(Neo-Babylonia Empire) 또는 갈대아 시대의 바벨론(Chaldean Era)이라고 부르면서 이전에 있던 고대 바빌로니아 제국(기원전 1895~1595년까지 약 3백 년 지속, 함무라비 법전으로 유명)과 구별했다.

역사는 '신바빌로니아 제국'의 시작을 느브갓네살 왕의 부친이던 나보폴라살(Nabopollassar) 왕이 갈대아 부족과 바벨론 북부 지역 주민의 지원을 받아 바빌로니아 지역의 대부분을 장악하고 스스로 왕으로 선포했던 때인 주전 620년부터 시작해서 느브갓네살 왕의 손자로 추정되는 벨사살(Belshazzar) 왕이 메데 왕국의 공격을 받고 살해당했던 539년까지 81년 동안 존속한 제국으로 이전에 존재했던 '고대와 중기 바빌로니아 제국'과 구별하고 있다.

인류 최초의 법전을 석비에 기록했던 '함무라비' 왕을 포함해서 고대 바빌로니아 제국과 그 뒤를 이은 신바빌로니아 제국은 서북쪽에서 이주한 많은 민족들이 유프라테스 강과 티그리스 강이 만나는 메소포타미아 삼각주의 넓고 비옥한 평야에 모여 살던 다민족 나라였다.

여섯 번째 이야기
새로운 메데(Mede) 왕조와 다니엘

세상은 하나님을 믿는 자들을 미워하고 그들이 세상 사람들이 쫓는 쾌락이나 재미를 거부할 때는 세상과 동지들을 배신한다고 비난했다. 믿는 자들이 세상 권위에 복종하지 않을 때는 폭도라고 매도하며 재판에 넘겨 감옥소로 보냈다. 심한 경우에는 나라와 사회를 배신했다고 죽음을 선고하기도 했다. 고대에는 최고의 형벌인 뜨거운 불 못에 던지든가 혹은 굶주린 사나운 짐승 우리에 던지는 것과 같은 고통스런 형벌을 가하면서 세상은 "네가 믿는 하나님과 착한 행실이 너를 죽음의 자리에서 구원하나 볼 것이다"라는 증오의 말까지 서슴없이 더하며 악행을 행했다.

바벨론 왕국을 기습 정복했던 새로운 왕국인 메데 나라의 다리오(Darius) 왕이 바벨론의 느브갓네살 왕과 60년의 시차를 두고 똑같은 일을 자행했다. 다리오 왕이 페르시아 중신들의 모함에 빠져 다니엘을 굶주린 사자 굴에 던지면서 그에게 던진 말은 "네가 항상 섬기는 너의 하나님이 너를 구원하리라"였다. 다리오 왕이 다니엘을 굶주린 사자 굴에 던지면서 내뱉은 이 말이 그의 진심에서 나온 동정의 말인지 또는 다니엘의 신앙이 너무 철석같아서 갑자기 미움이 생겨서 내뱉은 말인지 확실치는 않다.

그러나 사람이 어떤 도움도 기대할 수 없는 절망의 때가 바로 하나님이 나서는 때였다. 그는 강한 자든 악한 자든 또 동물이나 환경을 사용해서 무력해진 자신의 백성을 구원했다. 지금까지 많은 사람들이 신앙 때문에 비록 죽음을 당했지만 꼭 필요한 때는 그의 구원을 세상에 밝히 드러냈던 것이다.

메대 바사(Medo-Persia) 왕국과 다니엘

바벨론 왕국 시대가 끝나고 새로운 왕국 시대가 시작했다. 역사에서 메데-페르시아 왕국이라고 부르는 나라로 곧이어 페르시아 왕조로 변하는 중간 단계의 나라였다. 일반적으로 '페르시아' 왕조의 일부분으로 알려진 메데 왕조는 바벨론이 다스리던 바벨론 성과 시리아 팔레스타인 등 바벨론 나라의 전 지역을 영토로 이어받았다. 메데의 다리오(Darius) 왕은 주전 539년 기습 공격으로 바벨론 왕국의 마지막 왕인 벨사살 왕을 살해했고 이어 큰 저항 없이 바벨론 제국을 이어받았다. 그는 새로운 왕정 체제를 만들고 수많은 공직자를 선택하고 나라의 통치를 맡겼다.

다리오 왕은 다니엘에 관해서 이전부터 알고 있었고 그의 박식과 지혜를 비롯해서 바벨론 나라의 충직한 신하라는 사실을 익히 알고 있었다. 벨사살 왕이 배푼 큰 연회에서 다니엘이 보였던 명석한 해석은 그가 새로운 왕조를 기대하고 있었고 아무 미련이나 저항 없이 새로운 시대를 맞고 새로운 왕조를 따르겠다는 마음의 준비를 공언했던 말이었다. 다리오 왕은 자연스럽게 그를 최고 관리로 선택했고 모든 관헌들을 감독하고 지휘하게 했다.

충직한 신하 그리고 권력 암투

다리오 왕의 입장에서는 바벨론 나라를 속속들이 잘 아는 충직한 신하가 필요했다. 바벨론 성을 탈취하고 벨사살 왕을 살해했던 메데의 친위 부대나 신하들은 바벨론 지역을 다니엘만큼 잘 알지는 못했다. 그렇다고 바벨론 궁정에서 벨사살 왕을 섬기던 많은 신하들이 그에게 겉으로 복종한다고 해서 급하게 자신의 왕국에서 중직으로 쓰기에는 불안한 점이 많았다. 그 당시 말이 다르고 문화가 다른 여러 민족과 나라는 언제고 틈만 보이면 반란을 일으키고 항거하는 것이 상투 행위였다. 바벨론 지역은 전 왕조의 근간이 되는 중심 지역이었다. 다리오 왕이 이 지역과 바벨론이 다스리던 앗시리아 제국의 천하를 책임지고 맡길 사람을 찾는 중에 다니엘만한 사람은 없었다. 그가 다니엘을 택해서 다른 총리들보다 더 신뢰하고 그들 위에서 제국을 다스리는 중임을 맡겼다. 그러나 권력이 한 곳으로 쏠릴 때 만만찮은 반발이 생기는 것은 긴 인간 역사가 지금까지 여러 나라에서 증명했던 일이다.

다니엘이 새로운 왕조의 실세로 떠오르면서 지금까지 다리오 왕을 오랫동안 따랐던 메대의 관리들이 시기가 났고 그를 끌어내릴 방법을 찾기 시작했다. 총리들과 고관들이 다니엘의 일생을 살피고 그의 업적이나 행했던 일들을 캐보고 조사했지만 그를 고발할 죄악이나 허물은 도무지 찾을 수가 없었다. 그가 살았던 인생이 깨끗했고 소박했던 것이다. 그는 포로로 잡혀온 때부터 그 후에 최고의 대신으로 올라서 나라의 큰일을 좌지우지할 때까지 한결같이 가졌던 인생철학은 하나님을 믿는 신앙 하나였고 그것에서 일생 떠나지 않았다. 그는 그에게 주어진 큰 세상 권세를 사람들에게 행사하지 않았고 누구나 탐하던 부귀에도 관심을 두지 않았고 오직 백성들이 잘 살도록 왕을 보필하는 깨끗한 헌신에 만족하며 지금까지 살아왔던 것이다. 사람들이 그에게서 허물을 찾는 길은 오직 그의 독특한 유대 신앙에서 왕정에 맞지 않는 특이한 행동을 찾는 것이 전부였다. 그들이 그래도 허물을 찾을 수 없었고 마지막으로 악인들이 흔히 하는 비열한 방법을 쓰게 되었다.

유대인의 신앙은 독특했고 다니엘은 그의 신앙을 철저히 지켰다. 그들은 함정을 만들고 시기를 보아 왕을 움직이고 그를 끌어내릴 거사를 준비했다. 다행이 그 시기가 적절했다. 그들은 나라의 온 백성과 관리들이 새로운 나라 그리고 그 나라의 왕이었던 다리오 왕에게 전적으로 충성을 서약하는 행사를 준비하고 그 행사에서 다니엘의 신앙적 특성으로 행사에 승복할 수 없는 부분을 억지로 만들어냈다. 고대 왕명을 어기는 자는 대역 죄인이 되었다. 다니엘이 엄한 왕명을 어길 수밖에 없는 경우를 만들고 그것을 들추어 그를 끌어내리고 징계한다는 작전을 은밀하게 진행했다.

음모와 왕명

준비를 끝낸 총리들과 고관들이 모여 무리를 지어 왕에게 나아가 왕이 나라에 한 법을 만들고 이를 선포하기를 간청했다. 법을 새로 만들기 위해서는 명분이 필요했다. 당시 메데 나라가 바벨론 나라를 멸망시키고 천하를 다스리기 시작했던 때였다. 그들은 지금은 온 땅에 새로운 제국과 그 왕의 위엄을 높이는 것이 필요한 시기라고 역설했다. 나라의 모든 총리와 지사와 총독과 법관과 관원이 이를 합의했고 그 시행을 왕에게 건의했던 것이다.

왕의 명령은 나라 안에 있는 모든 사람이 이제부터 30일 동안은 누구든지 다리오 왕 이외 어떤 신에게나 사람에게 무엇을 구하거나 절을 하며 기도하는 행위를 금지하고 그것을 어기는 사람은 곧 가차없이 사자 굴에 던져 넣는다는 엄한 형벌을 내려서 충성심을 높이자는 것이었다. 중신들은 이 명령을 모든 사람들이 지키도록 왕이 법령으로 선포하고 그 조서에 왕의 인장을 찍어 메대와 바사 나라의 고치지 못하는 규례로 선포하자고 왕에게 건의했다.

다리오 왕은 총리들과 고관들이 몰려와서 엎드려 자못 충성스런 제의를 한다고 생각했다. 왕의 밑에서 나라를 다스리는 총리들과 관리들이 모두 모여 의논을 했다는 말과 새롭게 제국의 왕이 된 자신의 권위와 위엄을 높이기 위해서 시간을 정해서 백성과 모든 관헌들의 관심을 다리오 왕에게 집중하는 명령을 내려 달라는 말이 맘에 들었다. 그는 깊이 생각하지 않고 관리들이 만든 왕명에 인장을 찍어 확인 절차를 마쳤다. 다니엘의 출세를 시기하던 메대의 총리들과 고관들은 정적을 제거할 합법적인 근거를 마련한 것에 만족하며 급히 실행에 나섰다.

세상 왕의 명령

다니엘은 이런 음모를 아는지 모르는지 왕명과 조서에 찍힌 인장을 보고 내용을 알았으나 아무런 동요도 없이 자기 집에서 평생 하던 대로 시간에 맞추어 예루살렘을 향하여 창문을 열고 하루 세 번씩 무릎을 꿇고 기도하는 일을 계속했다. 그의 기도는 마치 그의 호흡과도 같았다. 마치 잔잔히 흐르는 그의 생명 위에 피어나는 영적 꽃이었다.

음모를 꾸민 자들은 왕이 편안하고 즐거운 시간에 드디어 사건을 터뜨렸다. 다니엘을 고발할 기회를 엿보던 관헌들이 다리오 왕 앞에 엎드려 왕의 만세수를 외치며 왕명을 어기고 딴 나라의 신에게 매일 기도하는 사람을 증거를 가지고 고발하기 시작했다. 다리오 왕은 관헌들이 고발하는 사람이 누구인지를 알고 나서는 깜짝 놀랐다. 그때서야 이것은 처음부터 한 사람을 몰아내기 위한 음모라는 것을 깨달았다. 왕은 청렴하고 마음이 민첩해서 왕의 의중을 정확하게 이해하고 움직였던 다니엘을 다른 중신들이 시기와 증오 끝에 이번 일을 꾸민 것을 알았다. 그러나 만백성에게 이미 공포했던 메대와 바사의 엄격한 왕명을 바꿀 수는 없었다. 왕이 자신의 인장을 찍어 공포한 법령은 누구도 변개하지 못한다는 것이 오래된 메대 페르시아의 궁중 전통이었다.

형 집행을 미루던 왕의 동요를 안 관헌들이 저녁이 이르자 왕에게 재차

형 집행을 독촉했다. 왕은 결국 다니엘을 묶어서 사자 굴에 집어넣으라고 명령을 내리고 저녁도 먹지 않고 머리를 쌓고 고민했다. 왕은 먹지도 않고 모든 오락을 금하며 온 밤을 지새우고 새벽이 되자 즉시 사자 굴로 달려가 다니엘을 불렀다.

처참하게 부서진 뼛조각을 생각하고 달려갔던 왕에게 다니엘이 조용한 목소리로 자신의 안전을 알렸고, 그가 믿는 하나님의 천사가 사자들의 입을 막아서 그는 무사하다는 대답을 들었다. 왕은 기뻐하며 명하여 다니엘을 굴에서 올려서 살펴보았으나 그의 몸이 조금도 상하지 않은 것을 보고 자신의 진실한 종을 굶주린 사자들에게서 지킨 하나님의 손을 확인하지 않을 수 없었다.

분노한 왕은 그를 참소했던 신하들을 끌어오게 하여 그들의 모함을 정죄하며 그들을 처자들과 함께 사자 굴에 던져 넣게 했다. 오랫동안 굶주렸던 짐승들이 그들이 땅에 닿기도 전에 달려들어 뼈까지도 부서뜨려 삼켰다. 다리오 왕은 이렇게 사건을 종결하고 온 땅에 있는 모든 백성과 나라들과 언어가 다른 모든 사람들에게 이런 조서를 내렸다.

"너희에게 큰 평강이 있을지어다. 내 나라 관할 아래에 있는 사람들은 모두 다니엘의 하나님 앞에서 떨며 두려워할지니 그는 살아 계시는 하나님이요 영원히 변하지 않으실 신이며 그의 나라는 멸망하지 아니할 것이요 그의 권세는 무궁할 것이며, 그는 구원도 하시며 건져내기도 하시며 하늘에서든지 땅에서든지 이적과 기사를 행하시는 분이다. 그는 다니엘을 구원하여 사자의 입에서 벗어나게 하셨음이니라."

다니엘은 6장에 이런 얘기를 기록한 끝에 마지막으로 그가 다리오 왕의 시대와 페르시아 고레스 왕의 시대까지 형통하며 높은 관리로 정사를 돌보았다고 자신의 마지막 일생과 왕궁 봉사를 증언했다.

21세기의 기적

코로나19 바이러스가 지구촌을 엄습해서 세상 모든 사람을 귀천이나 종족을 가리지 않고 괴롭히며 생명을 위협하고 있다. 마치 말세적 재앙 같은 상황 속에 1년이 지났다. 지금까지 인류가 성취했던 놀라운 과학 기술과 생명 공학의 발전으로 보아서 이런 바이러스 전염병의 장기 발호는 기적이라고 말할 수밖에 없다. 지금까지 인류는 막대한 지식과 과학적 사실을 축적해서 언제라도 그것을 끄집어내어 새로운 사태에 대응할 수 있는 초특급 AI 컴퓨터를 곳곳에 보유하고 있다. 그럼에도 불구하고 코로나19의 세계적인 유행을 보면서 우리는 미래에 대한 확실한 불안을 미리 보고 있는 듯하다. 지금까지 수많은 기적을 〈다니엘서〉 등 성경에서 보았지만 인류가 겪는 기적 가운데는 오늘 우리가 겪고 있는 코로나 바이러스와 같은 불행한 것도 있는 것이다.

지금 한국의 보수 신앙을 대표해서 이단과 이단 사상을 부추기는 정치가들과 무신론 신봉자들을 강력하게 배격 비난했고 또 정부 고위 공직자들과 언론의 부패를 들추어 경고했던 한 목사의 얘기가 무성하다. 그는 주위의 만류에도 불구하고 흔들리는 민주사회 기강을 바른 신앙으로 회복하자고 거리 시위까지 하며 적극적으로 나섰던 사회 지도자였다. 일부 온건주의 신앙인들과 지도자들의 무표정과 침묵에 비하면 그는 여러 곳으로부터 '과격한 목사'라는 평까지도 들어왔다. 그럼에도 불구하고 그는 부정부패로 썩은 사회 지도층에 "독사의 자식들아, 회개하라"를 외쳤던 세례 요한과 같이 하나님의 소리를 쉬지 않고 외치고 있다. 이 시대 한국뿐만 아니라 부패한 세상에서 하나님의 주목과 보호가 필요한 사람들 가운데 한 사람임에는 틀림없어 보인다.

다니엘의 활약

다니엘은 6장의 글을 끝내며 그가 다리오 왕의 시대와 고레스 왕의 시대에 형통했다고 자신의 마지막 궁중 봉사를 기록했다. 그는 전환기 왕조였던 메데 왕조와 그 뒤를 이은 페르시아 왕조의 초기까지 두 왕의 신임을 받고 궁중에서 활동하며 많은 일을 했다는 사실을 확인했던 말이다. 다리오 왕은 느브갓네살 왕에 이어 '유대인의 하나님, 살아계신 하나님, 영존하시는 하나님'을 공식적으로 선포하고 모든 사람이 복종할 것을 널리 알렸다. 그를 이은 페르시아의 고레스 왕은 유대인 포로와 그 후손들이 예루살렘 성으로 돌아가 성과 성전을 재건하라는 역사적 칙령을 발표했던 첫 페르시아 왕이었다. 이런 왕의 칙령발표 뒤에는 다니엘과 같은 유력한 유대인의 건의가 있었던 것이다. 그는 오랫동안 마음의 빛을 지고 있던 조국 이스라엘 나라와 민족을 위해서 만년에 큰일을 했던 것이다.

영원한 승자

〈다니엘서〉의 전반부인 1장에 6장까지는 지금까지 이 땅에 바빌로니아 제국이라는 큰 제국을 이루었던 느브갓네살 왕과 그를 옆에서 보필했던 다니엘의 모습에 초점을 맞추었다. 느브갓네살 왕은 지상의 승자였다. 그러나 이 땅의 승자는 결코 지상에 오래 존재할 수가 없었다. 모두 죽음이라는 마지막을 피할 수 없었고, 그들이 용맹과 지략으로 얻은 나라 역시 정한 때가 되면 망했고, 다른 승자가 그리고 다른 왕국이 나타나서 세상을 이어갔다. 다니엘은 이런 역사의 엄연한 흐름 속에 나타난 지상의 승자와 패자의 얘기를 기술하면서 그들의 배후에서 제왕을 세우고 그 나라를 인도하는 영원한 존재로 '하늘에 계신 하나님'을, 그리고 다니엘이 믿던 '이스라엘의 하나님'을 세상에 높이 알렸고 또 제왕들의 입을 통해서 그것을 실토하게 만들었다.

다니엘은 누구인가?

유대인 디아스포라

'다니엘'은 어린 소년의 몸으로 전쟁 포로로 잡혀간 적지에서 현지 교육을 받고 뜻하지 않게 평생을 궁중의 고급관리로 살면서 북방 여러 나라의 정치에 크게 관여했던 사람이다. 그는 예루살렘 성에서 당시에는 세계의 중심지라고 부를 수 있었던 바벨론 성으로 끌려가서 꿈 해몽 능력으로 절대적인 권력을 행사하던 왕의 총신으로 일생을 살았던 성공적인 유대인이었다.

유대인들은 고국을 떠나 타국에 나가 살던 사람들을 디아스포라(Diaspora)라고 불렀다. 꼭 유대인이 아니더라도 많은 사람이 고국을 떠나 살고 있다. 많은 사람이 자신의 의지와는 상관없이 고향을 떠나야 하고 타지에서 혹은 먼 타국에서 죽을 때까지 산다. 모든 것이 빨라지고 가까워진 오늘의 세상에는 대다수가 원하든 원치 않든 디아스포라로 살고 있다. 이런 점에서 보면 다니엘은 오래전에 성공적인 디아스포라의 전형적인 삶을 살았던 인물로 오늘 우리 모두에게 인생의 바른 길과 그 의미를 밝혀주는 사람이라고 볼 수 있다.

다니엘은 이방 땅에 살면서도 유대 민족의 태생적인 특성을 끝까지 지키며 살았던 사람으로 유명하다. 유대 민족은 그들이 살던 팔레스타인 지역의 특수성 때문에 외국 열강들의 침략을 끊임없이 당했고 통일 국가를 세우고 몇백 년을 넘기지 못하고 민족이 세계 여러 지역으로 흩어져 2천 년을 살아야 했던 망국의 민족이다. 그들은 주변 나라로 그리고 세계 어느 곳에도 사람이 사는 땅이라면 어디나 가서 나라는 없지만 대신 민족의 조상이 전해준 신앙을 버리지 않고 그곳에 살아남았다. 여러 곳에 흩어진 점은 시대는 다르지만 흡사 한국 사람의 요즘 형편 같다.

다니엘은 유대인 이민 역사의 첫 조상으로 '여호와 하나님'을 철저히 믿고 산 사람이었다. 그는 후대에 신앙적 유전자를 유대 디아스포라의 전형적인 정신적 유산으로 특징을 지었던 역사적인 인물이다. 그는 또 유대인들뿐만 아니라 '여호와 하나님'을 믿는 오늘날 이 땅에 살고 있는 모든 신앙인들의 본보기가 되기도 했다. 이런 까닭에 이 책은 무려 2천 6백 년이라는 시간이 지난 지금도 그의 얘기 속에 오늘 우리 모두에게 전하는 하나님의 메시지를 찾아보게 하는 귀한 책이기도 하다.

신화 같은 성공의 주인공

바빌로니아 왕국은 마르둑(Marduk)이라는 북방 신을 믿는 신흥 갈대아 민족이 바빌론 성이라는 오래된 도시로 이주해서 기존 다른 민족들과 함께 왕국을 이룬 여러 민족들이 섞인 나라였다. 유대는 단일 민족으로 오랫동안 나라를 이루고 살았으나 앗시리아 제국을 무너뜨린 느브갓네살 왕이 이끄는 바빌로니아에 굴복하고 말았다. 다니엘(Daniel)은 일개 소년 포로로 이방 나라 왕궁으로 잡혀가서 곧 대제국의 최고 성직자로 그리고 제왕의 바로 밑에서 그를 보필하던 최고 관리로 살았다. 뿐만 아니라 그 나라가 망하고 나서도 메데(Medes)와 페르시아(Persia) 제국에서도 왕궁의 고위 성직자로 주전 530년까지 거의 90세의 장수를 누리며 살았던 사람이었다. 그는 주전 605년 포로가 되었고 530년경 사망했다고 알려진다. 그가 포로로 끌려갈 때에 나이가 약 15세 정도의 소년이었다면 그는 90세 정도를 살았다고 볼 수 있다.

유대 선지자

다니엘이 살았던 시대는 유대의 패망과 열강의 압제 속에 살았던 시대이다. 고통의 시기에 유대 나라에는 이사야, 예레미야, 나훔, 에스겔, 에스더, 요나, 호세아, 미가 등 쟁쟁한 선지자들이 살았고 이 가운데 요나, 에스더, 에스겔은 다니엘과 같은 형편으로 강제로 북방 나라에 가서 살았거나 혹은 요나와 같이 하나님의 명령으로 북방 도시를 선교사로 방문했던 사람들이다. 이들이 구약 성경의 삼분의 일에 해당하는 예언서를 기록했던 중요한 인물들이고, 다니엘은 이들과 동시대의 사람들로 직접 이들과 관련이 있었다. 그러나 다니엘이 이들과 다른 점이 있다면 이들 선지자들은 에스겔을 빼고는 디아스포라가 아니었다는 점이다. 그리고 이들의 활동은 유대 나라 그리고 민족 가운데 이루어졌다. 다니엘은 반대로 당시에는 세계의 중심에서 살며 그곳의 정치에 깊이 관여했고 또 선지자로 미래의 세계를 예언했던 사람이다.

다니엘은 주전 6세기에 활동했던 많은 유대 민족의 선지자

(Prophets)들 가운데 하나이다. 유대가 남북으로 갈라졌고 오랫동안 서로 다툴 때 북방에서 일어난 두 강국에 의해서 북이스라엘이 주전 722년에 먼저 멸망했고 남쪽에 있던 유대 나라마저 바벨론 왕국의 침략으로 거의 멸망 직전에 있던 때였다. 그는 바벨론 왕국의 1차 침공 때인 주전 605년에 포로가 되어 다른 사람들과 같이 북방 바벨론 지역으로 끌려갔다. 이후 그는 바벨론 제국과 메데 그리고 페르시아 제국 등 삼 대 왕국 시대를 살며 이방인임에도 불구하고 왕국의 최고 성직자 겸 고위 관리로 일생을 그곳에서 보냈던 사람이다.

당시 북방 나라는 역사상 가장 강력했던 제왕들이 다스렸던 시대였고 이스라엘 민족은 분단국가로 전락해서 모두 12지파 가운데 10지파가 강대국의 강제 출국과 타민족의 유입으로 대부분이 민족적 정체성을 잃고 사라지고 있던 때였다. 남쪽에 살던 유대 지파와 베냐민 지파 일부만이 유대 왕국을 간신히 유지하며 고전하고 있었다.

유대 왕국은 북방 강대국에는 비교하기 어려운 군사적 열세에 있었다. 그들은 오직 '여호와 하나님'을 믿는 신앙 전통을 통해서 어렵지만 강대국의 공격에 저항했으며 나라의 독립을 유지했다. 그러나 일부 세속적인 왕들이 하나님을 떠나 강력했던 열강들의 힘에 의존하며 인기가 있던 주변 민족의 신들을 예루살렘 성에까지 끌어들여 섬기는 우상숭배에 빠졌다. 많은 선지자가 피를 토하듯 경고했던 것같이 그 결과 나라의 멸망은 피할 수 없는 수순이 되었다.

바벨론 왕국의 특징과 다니엘의 부상

다니엘은 느브갓네살 왕 밑에서 바빌로니아의 최고 관리로 일생을 살았다. 그는 왕과 함께 제국의 흥망을 같이 했던 사람으로 그의 일생은 바벨론 왕국의 역사였다. 왕국에서 그의 부상은 바벨론 왕국을 세우고 통치했던 느브갓네살이라는 젊은 왕과 밀접하게 연관되어 있다. 왕은 그동안 수많은 전투를 통해서 크고 넓은 세상을 이미 보았던 사람이다. 그는 전쟁에 능했던 유능한 장군을 넘어 넓은 세상을 보았던 총명과 지혜가 있던 사람이다. 그는 왕이 되면서 국경과 인종을 넘어 어디서든 인재들을 차별 없이 발탁해서 궁에서 자신을 보필하게 했고 다니엘은 이런 큰 통치에 힘입어 포로에서 당대의 최고 관리로 떠올랐다.

느브갓네살 왕은 넓은 정복지에서 일어나는 여러 반란을 진압하기 위해서 현지 인재를 발탁했고 또 왕국의 내부를 잘 아는 갈대아 민족보다 오히려 외부 인재를 불러서 왕국 관리나 군사 지휘관으로 선호했다. 다니엘도 이런 황실 내부 사정으로 등용되었고 그 후 성실과 충성으로 황제의 신임을 얻고 장시간 정권의 핵심에서 일할 수 있었다.

중근동 전 지역에서 선택된 많은 사람들이 그를 도와 각 지역의 빈번한 반란군을 물리쳤을 뿐만 아니라 제국의 내정을 맡고 있었다. 다니엘과 함께 바벨론 성으로 끌려갔던 세 유대인 친구들이 다니엘의 추천으로 바벨론 여러 지방을 관장하는 높은 관리들이 될 수 있었던 이유였다.

부동의 신앙인

    다니엘은 오랜 기간 바벨론 궁에서 왕을 보필하는 높은 관리로 살았다. 그는 왕의 측근 참모로 바벨론 왕국의 궁중 고문으로 또 두뇌(지혜) 집단의 책임자로 그리고 행정 책임자로 왕국의 여러 곳에서 일어난 사건을 보고 받고 지휘하고 왕명을 집행하는 최고의 관리로 일했다. 그러나 그의 출발은 하나님의 선지자로 시작했다. 그는 아무도 알지 못했던 왕의 꿈과 환상을 해석함으로 일약 최고의 관리가 되었다. 유대 나라의 고귀한 왕족이긴 하지만 포로 신세의 소년이 일약 바벨론 제국의 통치자의 위치에 오르도록 도화선이 되었던 것은 꿈을 해몽하고 신비한 글자를 해석하는 신령한 능력이었다. 그의 출세를 시기한 갈대아 인들과 다른 신하들이 벌였던 음모를 극복하는 과정에서 나타난 신비한 기적들은 누가 보아도 부정할 수 없는 '하나님'의 사람 그리고 그와 소통하는 선지자로 그를 특징지었다.

느브갓네살 왕의 수호신

    바벨론 제국의 느브갓네살 왕은 '마르둑'(Marduk)이라는 종족의 신을 전적으로 추종했고 그를 최고의 신으로 떠받들고 거대한 신전을 세우고 백성들에게 경배하도록 강요했다. 그는 '마르둑'이라는 자신의 민족이 오랫동안 숭배하던 전쟁의 신이 부왕을 이어 자신을 도와서 제국을 건설했다고 믿었다. 바벨론 사람들은 '마르둑' 이외에도 여러 신들을 숭배했고 그들을 섬기는 제사장들과 그들을 따르는 추종자들이 주술이나 점성술로 왕의 자문단(지혜자 집단)에서 일하는 특별한 지위를 누렸다. 중요한 사건이 발생하면 주술과 점성술 등으로 그 해석을 왕에게 자문하며 제국의 통치에도 일정 부문 관여하고 있었다. 다니엘은 이런 느브갓네살 왕에게 참 하나님을 소개했고 그로 하여금 하나님을 전적으로 믿고 따르도록 만들었다.

메데 '다리오 왕'의 정체

〈다니엘서〉의 전반부는 다니엘이 바벨론 나라가 망하고 나서 메대와 페르시아에서 '다리오' 왕과 '고레스' 두 왕을 섬겼다고 기록했다. 두 왕이 언제 메대와 페르시아(바사)의 왕으로 나라를 다스렸고 그들의 제위기간이나 나라의 정식 이름은 정확하게 밝혀진 것이 없다. 그동안 역사가들이 여러 주장을 내놓았다. 그 중에 유력한 주장은 다리오 메대 왕과 바사의 고레스 왕은 동일 인물이고, 기원전 539년 바벨로니아 제국을 멸망시킨 왕은 고레스 왕(주전 590~529, 페르시아 아케메니드(Achaemenid) 왕조의 시조)이라고 주장했다. '다리오 메대 왕'은 이곳 성경에서 유일하게 나타난 왕으로 다른 기록에는 나타나지 않았다.

다니엘과 고레스 칙령

그는 바벨론 왕국은 물론 메대와 바사 왕국 등 북방 제국들의 행정을 좌우할 수 있는 최고 관리로서 일생을 살았다. 왕의 최측근이었다는 사실은 그가 마음을 먹으면 왕의 정치적 결단까지 영향을 줄 수도 있는 자리에 있었다.

〈다니엘서〉는 이런 그의 치적에 관한 얘기를 전혀 기록하지 않았다.

그의 치적이 알려진 것이 없지만 그는 나이가 들면서 유대인이었고 북방 여러 나라에 살고 있는 동족의 운명과 그가 오래전에 두고 떠났던 자신의 나라에 관심이 많았던 사실을 책의 후반부에 기록했다.

그가 예레미야 선지자의 글을 보고 알게 되었던 '70년 포로 귀환'을 언급하며 고국과 민족에 대한 안타까움을 실토했다는 사실과, 그가 "고레스 왕 원년까지 있었다"는 〈다니엘서〉 1장 끝절의 기록은 역시 의미가 담긴 기록이라는 점이다. 두 가지 사실은 고레스 왕이 메데, 바벨론 왕국을 정복하고 난 후에 다니엘이 고레스 왕정에 참여해서 상당한 지위에 있었고 영향력을 행사할 수 있는 자리에 있었다는 사실이다. 이는 그가 행했던 역할이 왕정참여라는 평범한 기록을 넘어서는 다른 중요한 사건, 곧 이스라엘 민족의 귀환을 결정하고 그 명령을 칙령으로 내리도록 하는 막후 영향력을 암시하는 뜻이 있다고 볼 수 있다. 고레스 왕은 기원전 538년 칙령으로 그곳에 살고 있던 유대인의 2세나 3세들이 누구나 원하면 예루살렘 성에 돌아가도 좋다는 허락과 또 그곳에 성전 재건을 허락했던 일련의 칙령을 발표했다.

세계인(바벨론 사람) 그리고 특징적 인격, 성실성

다니엘은 그의 생애를 바벨론 성에서 고위관리로 시작해서 주전 530년경 페르시아의 고레스 왕 때까지 궁중 관리 혹은 선지자로 살면서 장수했다. 그는 주전 605년 바벨론에 포로로 잡혀갔던 때부터 페르시아 왕국의 고레스(Cyrus) 왕의 시대까지 75년 동안이라는 긴 시간을 이국에서 관리로 살았다. 성경은 다니엘이 그 기간 무엇을 했는지에 관해서 개인적인 삶의 기록을 전하지 않았다.

그는 포로 전 소년 시절을 뺀 모든 인생을 이름도 바벨론식으로 바꾸고 바벨론 사람으로 바벨론 말을 쓰고 그 문화 속에 적응해서 전형적인 바벨론 성직자의 대표로 살았던 사람이다. 그는 또 나라의 최고 행정가로 왕에게 충성을 다하며 그에게 맡겨진 행정에 관한 모든 일에 전념하며 최선을 다했다. 이런 의미에서 본다면 다니엘은 지금 우리가 부르는 세계인으로 일생을 살았던 사람이다.

그는 언제나 누구도 비견할 수 없는 높은 인격을 가지고 전 인생을 살았다. 그의 특징적인 모습이었다. 그의 인격에서 중요한 특징은 부동의 신앙이었고 그 다음은 그의 성실성이었다. 그는 어느 곳에 있든지 이스라엘 조상들이 믿었던 '여호와 하나님'에 대한 굳건한 신앙을 가지고 살았다. 그가 살았던 삶의 기초였고 반석이었다. 그리고 두 번째 인격적 특징은 성실이었다. 신앙에서뿐만 아니라 여러 왕들을 섬기는 자리에서 그는 나라의 평안과 번영을 위해서 그리고 다스리는 왕들을 위해서 최선을 다했다. 그가 높은 자리에 올라서도 굳게 지킨 성실은 다른 신하들의 시기와 불평을 물리치고 왕들의 절대적인 신임을 받았던 근거였다.

구약과 신약 시대를 연결하는 예언자

그의 인생을 안에서 살펴보면 그는 하나님의 선지자로 모든 인류의 역사를 배후에서 이끄는 하나님의 계획과 의중을 제왕들의 영적 메시지(꿈)에서 가려내고 그가 인도하는 역사 흐름을 확인했던 예언자였다. 그가 예루살렘에서 온 유대인들이 전한 예루살렘 성과 성전의 파괴와 폐허 소식을 듣고 놀란 나머지 애통하며 기도했다. 〈다니엘서〉의 후반기 주제는 이스라엘 왕국의 회복과 포로로 북방에 끌려왔던 유대 민족의 귀환에 집중하며 그 이후 여러 왕국들의 전쟁과 그 전쟁으로 겪을 예루살렘 성과 성전의 비극을 예언하는 것이었다.

2부 : 예언

성전 파괴와 마지막 대환란

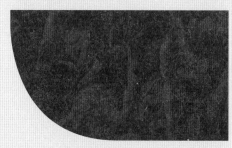

다니엘서 후반부 (7~12 장)

1
장

꿈과 환상,
그리고 예언

지상 왕국과 하늘나라의 전쟁

〈다니엘서〉의 전반부인 1장에서 6장까지는 주로 현실 세계의 주인공인 왕과 궁중의 사건들 속에서 포로로 잡혀왔던 다니엘과 그의 세 친구들이 겪었던 도전과 승리의 얘기이다. 유대 소년들은 바벨론 궁중의 고위 관리가 되어서 사람의 눈에는 절대적으로 보이는 세상 권세와 눈으로 볼 수는 없어도 사람들의 마음과 정신을 통해서 온 세상을 다스리는 하나님의 통치를 선명하게 비교하며 영원한 승자가 누구인지를 증명했던 것이다.

책의 후반부로 구분한 7장에서 마지막 12장까지는 다니엘 자신이 주로 꿈이나 이상 가운데서 받았던 미래에 대한 예언으로 페르시아 왕국에서 새로운 시대가 시작하는 예수 그리스도의 때까지 있을 이스라엘 민족과 중근동 지역의 여러 왕국들의 전쟁에 관한 역사적 예언을 담은 기록이다. 그는 또 환상 속에서 온 천하를 창조하고 다스리는 '항상 계신 이' 곧 하나님이 '인자 같은 이' 곧 인류의 구원자로 올 하나님의 아들 예수 그리스도에게 온 인류를 다스릴 권세와 영광과 나라를 맡기고 모든 백성과 나라들이 그를 섬길 것이라는 하나님의 말씀을 전하고 있다. 이 예언은 다니엘의 완전한 이해 여부를 떠나서 그의 시대보다 5백년 후에 올 예수 그리스도의 출현을 구체적으로 계시하고 있다는 점에서 구약 시대를 대표하는 가장 복음주의적 예언이다.

그는 또 인류 역사의 먼 장래에 나타날 '마지막 때' 혹은 '대환란의 때'에 있을 크고 두려운 전쟁과 그 후에 올 밝고 영원한 새 시대의 모습을 후세에 전하고 있다. 이로써 그는 요한 사도가 기록한 마지막 성경인 〈요한계시록〉

에서 더 자세히 다룰 큰 주제의 입문편을 소개한 것이다.

특히 후반부 얘기 속에는 신약 시대라는 새로운 시대를 열었던 예수 그리스도가 이 땅에 복음을 전하면서 자신을 표현할 때 늘 사용한 '인자(Son of Man)'라는 말이 여러 곳에서 등장한다. 이 단어는 다니엘이 먼저 그의 예언에서 사용했던 독특한 말이다.(단 7장 13절 등) 예수 그리스도가 이 단어를 자신을 표현하는 말로 즐겨 사용했다는 점과 그가 다니엘이라는 선지자의 이름을 언급하며 그의 예언을 인용했다는 사실은 〈다니엘서〉의 중요성을 돋보이게 한다.

후반부 해석의 관점

다니엘의 후반부 예언을 두고 오래전부터 여러 해석들이 있었다. 그 가운데 특히 구약 성경을 믿지만 예수 그리스도를 믿지 않는 유대교의 입장과 구약과 예수 그리스도를 믿는 기독교의 입장은 전혀 다른 두 가지의 해석을 내놓고 오래전부터 논쟁을 했다. 그 위에 학자들은 예언에 나타난 고대 중근동 지역의 왕국들을 상징하는 여러 짐승들의 해석을 두고 일부 다른 해석을 하고 있다. 그러나 일부 다른 의견들이 있지만 이 책은 예수 그리스도가 다니엘이라는 선지자의 이름을 인용해서 인류의 미래에 있을 마지막 때의 '대환란'을 설명했던 사실(마 24장)과 지금까지 많은 복음주의 학자들이 주장하는 내용을 종합해서 후반부의 예언을 해석하고 정리했음을 미리 밝혀둔다.

예언의 의미

　　예언서를 읽으면서 독자들은 흔히 예언에 나타난 미래의 사건들에 관한 역사적 진위나 의미를 찾으려고 한다. 독자들은 또 예언이 오늘 우리에게 주는 메시지를 살피고 찾아보려고 한다. 그러나 이들 미래에 대한 예언은 당사자들이 아닌 경우에는 당시 바벨론이나 페르시아 왕국에 살던 사람들이나 혹은 많은 시간이 지난 오늘 누구에게도 특별한 감동을 주지 않는다는 사실이다. 그렇다면 이들 예언의 목적은 무엇일까? 지금까지 이 질문을 두고 여러 사람들이 해석을 내놓고 있지만, 그 결론은 예언의 정확성 즉 예언을 주신 하나님의 존재와 그의 무한한 능력과 인도하심을 인정하고 경외하는 것이다. 그리고 한 가지 더 의미를 찾는다면 예언의 확실성을 인정하는 한편 그의 예언 가운데 아직 실현되지 않은 예언이 있다면 그것도 반드시 때가 되면 이루어질 것이라는 근거가 된다는 것이다. 다니엘의 예언 가운데 아직도 이루어지지 않은 가장 크고 중요한 예언은 말 할 것도 없이 지구가 끝나는 '마지막 때'에 관한 예언이다..

일곱 번째 이야기
왕국 경영에서
영적 세계로

다니엘은 느브갓네살 왕의 사후 8년과 11년에 각각 꿈속에서 하나님의 계시와 새로운 부르심(Calling)을 받았다. 다니엘은 그의 세대가 끝난 후 세상에 일어날 여러 왕국들의 모습을 환상 가운데 보았고, 그 가운데 특히 하나님을 대적하는 세상 권세가 성전과 성도들에게 자행할 무서운 재앙의 모습을 거듭 보면서 그곳에 관심이 집중되었다. 다니엘은 이런 주제를 가지고 후반부를 통해서 여러 시대를 살게 될 믿음의 사람들이 당할 박해와 함께 악한 세력을 종국에는 물리치는 하나님의 대 승리를 전하며 후세의 성도들을 위로하고 믿음의 연단을 극복하도록 격려하는 위대한 새 사명을 받았고 다니엘은 그것을 예언 속에 찾아서 전했다.

그는 전반부에서 바벨론 왕의 신하로서 왕이 꿈속에서 본 환상이나 다른 이상을 해석하는 지혜자의 역할을 했으나 후반부에서는 본인이 직접 본 환상과 꿈을 통해서 하나님의 계시와 말씀을 듣고 세상에 전하는 예언자의 역할을 했던 것이다. 그는 특히 예루살렘 성과 성전 그리고 성도들이 겪을 시련과 환란을 환상 가운데 보고 마음이 아팠지만, 환상의 끝에는 늘 하나님의 승리와 하나님 나라의 백성이 얻을 영원한 안식을 보았고 그것을 풍성한 영감으로 전했다.

새 사명

〈다니엘서〉의 후반부 얘기는 제왕이고 유일한 세상 친구를 잃었던 다니엘이 그가 떠난 후 겪었던 자신의 꿈과 환상에 대한 얘기이다. 그는 느브갓네살 왕을 잃고 나서 상당한 시간을 슬픔과 방황 속에 지냈다. 더군다나 그의 사후 왕위에 올랐던 인물들이 부왕의 슬기와 지혜에는 턱없이 부족한 사람들이었고 그런 까닭에 다니엘의 높은 능력과 고결한 인격은 철저하게 무시되었다.

그가 이렇게 세월의 변화 속에 느브갓네살 왕과 함께 망각 속에 영원히 잊힐 뻔했던 시간이 8년 정도 흘렀다. 그때에, 그를 어린 왕자에서 전쟁 포로로 그리고 대제국의 높은 재상에서 제왕의 친구와 협력자로 쓰셨던 하나님이 그를 영적 세상 속으로 다시 불러서 하나님의 선지자로 중요한 역사적 이정표를 선포하는 새 사명을 주었던 것이다.

일곱 번째(7장) 꿈의 상징과 설명

다니엘은 벨사살 왕 원년(주전 553년경)에 침상에서 잠을 자다가 꿈을 꾸고 그 속에서 환상을 보았다고 7장 기록을 시작했다. 그는 큰 바다에 갑자기 강한 바람이 사방에서 몰아치면서 뭍이 드러나고 크고 무서운 짐승 넷이 차례로 바다에서 육지로 올라오는 환상을 보고 짐승들의 특별한 모양과 그것들을 설명하는 천사의 말을 기록했다.(큰 바다는 사람들이 사는 세상을 비유적으로 표현한 말)

첫 짐승은 사자와 비슷했지만 등에 독수리의 날개가 있는 짐승이었다. 둘째는 한쪽을 들고 서 있는 곰 같은 짐승으로 입에는 큰 갈빗대 세 개를 물고 있었다. 세 번째 짐승은 표범과 같은 짐승으로 등에는 새의 날개 넷이 있고 또 네 개의 머리가 붙어 있는 괴상한 동물이었다. 네 번째 짐승은 쇠로 된 이를 가지고 무엇이든 먹고 부서뜨리고 그 나머지를 발로 밟았으며 다른 짐승들보다 강했고 머리에는 열 뿔이 있었다. 다니엘이 마지막 무서운 짐승의 뿔을 유심히 보는 사이에 다른 작은 뿔이 나왔고 그때에 첫 뿔들 가운데 세 개가 뿌리까지 뽑혔다. 그 작은 뿔은 사람의 눈 같은 것들이 있고 또 입이 있어 하나님을 대적하는 참담한 말을 했다.

그때에 다른 환상이 다니엘에게 나타났다. 하늘 높은 곳에 불꽃 속에 하나님의 보좌가 보였고 '옛적부터 항상 계신 이' 곧 창조주 하나님이 거룩한 모습으로 나타났고 그를 섬기는 셀 수 없는 수많은 천사들이 그를 옹위하고 서 있었다. 그리고 하나님 앞에는 심판에 쓸 여러 종류의 생명책들이 펴져 있었다.

작은 뿔이 말하는 큰 목소리 때문에 다니엘이 다시 그 짐승을 주목하여

보는 사이에 짐승이 죽임을 당해서 타오르는 불 못에 던져졌다.(작은 뿔은 성도를 핍박했던 왕 혹은 적그리스도) 남은 짐승들은 각기 그의 권세는 빼앗겼으나 그 생명은 보존되어 '정한 시기'가 이르기를 기다렸다.

참고로《NIV 성경》은 '정한 시기'를 'a period of time'으로,《킹 제임스 성경》은 'a season and a time'으로 번역했고, 미국의 Bo Wagner 박사 같은 사람은 킹 제임스 성경 번역을 사탄과 적그리스도가 지옥 불에 잠시 떨어진 후 세상에 나타날 천년왕국(계 20장)을 a season으로 해석하는 한편 천년왕국 시대가 끝나고 그 다음해를 a time으로 해석해서, 사탄과 적그리스도가 지옥에서 풀려나 마지막 대전쟁을 준비한다고 '정한 시기'로 해석했다.

다른 환상이 또 나타났다. 다니엘은 '인자 같은 이' 곧 예수 그리스도가 하늘 구름을 타고 와서 '옛적부터 계신 이'에게 나아갔고 그가 '인자 같은 이'에게 권세와 영광과 나라를 주고 모든 백성과 나라들과 언어가 다른 모든 자들이 그를 섬기게 했다는 말씀을 들었다.

다니엘은 이런 연속적인 환상들을 보며 근심하며 번민이 가득 차서 하늘 보좌 곁에 있던 한 천사에게 나아가 모든 일의 진상을 물었다. 그가 다니엘에게 네 큰 짐승은 세상에 일어날 네 왕(왕국)이고, 지극히 높으신 이의 성도들이 결국에 가서는 나라를 얻을 것이고 그 누림이 영원하고 영원하고 영원하리라고 선포했다.(같은 단어를 세 번씩이나 반복한 것은 늘 변하고 부질없는 세상 나라와는 다른 성도들이 얻을 하늘나라의 영원함을 강조한 표현)

다니엘은 환상 가운데서 나타났던 무시무시한 넷째 짐승에 관해서 확실히 알고 싶었다. 그 짐승은 모든 짐승과 달라서 그 이는 쇠였고 그 발톱은 놋쇠였다. 그는 그것으로 모든 것을 먹고 부서뜨리고 나머지는 발로 밟았으며 또 그것의 머리에는 열 뿔이 있었고 그 외에 다른 한 뿔이 나올 때 세 뿔이 그 앞에서 빠졌고 그 뿔에는 눈도 있고 큰 말을 하는 입도 있고 그 모양이 다른 뿔보다 커 보였다. 다니엘은 이 뿔이 다시 성도들과 더불어 싸워 그들을 해치고 이기는 광경을 보았다. 그때에 '옛적부터 항상 계신 이'가 와서 '지극히 높으신 이'의 성도들을 위하여 원한을 풀어주었고 시간이 되자 성도들이 결국 하늘나라를 얻는 승리의 모습을 보았다.(옛적부터 계신 이는 하나님을, 지극히 높으신 이는 그의 아들 예수 그리스도를 상징하는 표현)

하나님을 모신 천사의 설명이 이어졌다. 넷째 짐승은 곧 땅의 넷째 왕국인데 이는 다른 왕국들과는 달라서 온 천하를 삼키고 밟아 부서뜨릴 것이며 그 열 뿔은 그 나라에서 일어날 열 왕이요 그 후에 또 하나가 일어나리니 그가 장차 '지극히 높으신 이'를 말로 대적하며 또 '지극히 높으신 이'의 성도를 괴롭게 할 것이며 또 때와 법을 고치려고 할 것이라고 말했다. 천사는 이어서 성도들은 그의 압제 아래에서 '한 때와 두 때와 반 때'를 지낼 것이나, 심판이 시작되면 그는 권세를 빼앗기고 완전히 멸망할 것이고 나라와 권세와 온 천하 나라들의 위세가 '지극히 높으신 이'의 거룩한 백성에게 돌아갈 것이며 그의 나라는 영원한 나라이며 모든 권세 있는 자들이 다 그를 섬기며 복종하리라고 설명했다.

다니엘은 성전과 성도들이 당하는 환란과 고통을 보며 중심에 번민하며 천사의 말을 누구에게도 발설하지 않고 마음에 간직했다고 7장 끝에 기록했다. 천사의 긴 설명이 있었지만 그 가운데 '인자 같은 이'와 '지극히 높으신 이'가 우리가 해석하는 것과 같이 그는 예수 그리스도를 상징하는 단어라는 설명은 없다. 그러나 예수 그리스도가 이 땅에 와서 이 단어를 자신을 지칭하는 말로 사용하면서 그 뜻이 분명해졌다.(마 24장)

참고로 천사의 설명과 역사적 사실을 대조해서 비교하는 여러 학자들의 주장이 있고 그 가운데 몇 가지를 소개한다. 7장에 등장하는 네 짐승이 상징하는 왕국은 첫째 사자는 바벨론의 느브갓네살 왕과 왕국을, 두 번째 한쪽을 든 곰은 메대와 파사(페르시아) 왕국으로 파사 왕국은 단명의 메대보다 더 강했고 오래 갔던 것을 한쪽을 든 모양으로 그리고 곰이 물고 있는 세 개의 갈빗대는 그들이 정복했던 바벨론과 이집트 그리고 리디아 왕국을, 세 번째 표범은 세계를 빠르게 제패했던 알렉산더 대왕을 시작으로 그의 사후에 분열된 4개의 그리스 왕국을 네 뿔로, 그리고 마지막 넷째 짐승은 강하고 잔인했던 로마 제국이라고 해석한다. 그리고 넷째 짐승에게서 난 '다른 한 뿔'은 기독교인들을 핍박했던 로마의 네로(Nero) 혹은 도미티안(Domitian) 황제를, 때와 법은 하나님의 절기와 율법을, 한 때와 두 때와 반 때는 3년 반 혹은 정한 시간을 의미한다고 성경학자들은 해석하고 있다. 그러나 이런 주장과는 다른 주장도 있다. 그 가운데 하나는 넷째 짐승은 그리스 왕국인 시리아 왕국을 상징하고 '다른 한 뿔'은 시리아 왕조의 말기에 권력을 잡았던 안티오쿠스 4세 에피파네스 왕이라고 주장하는 사람도 있다. 어떤 주장이든 '다른 한 뿔'은 마지막 때에 나타날 적그리스도의 전조이고 그의 악행을 미리 보여주고 있다는 것이다.

7장은 8장에 있을 두 짐승 얘기와 2장에서 이미 등장했던 큰 신상의 여러 부분이 상징하는 고대 중근동의 여러 왕국들의 전쟁과 흥망성쇠에 관한 얘기와 맥을 같이 하고 있다. 7장은 또 9장에 기록한 다니엘의 회개 기도와 간구 그리고 12장에 기록한 이 세상 마지막 때에 나타날 적그리스도가 벌일 큰 전쟁과 하나님 나라의 승리 그리고 그때에 있을 죽은 자들의 부활, 심판 그리고 영생과 같은 거룩한 변화를 미리 계시하고 있다. 이런 의미에서 7장은 후반부 얘기의 주제와 결론을 동시에 전하며 전반부의 얘기를 후반부와 이어주는 연결고리 역할도 하고 있다.

여덟 번째 이야기
고대 중근동의
여러 왕국들의 전쟁

하나님의 백성들이 당할 환란과 열국의 전쟁

한 시대를 대표하던 바벨론의 느브갓네살 왕이 죽고 나서 거의 11년의 세월이 흘렀고 다니엘도 거의 70세가 되던 때였다. 다니엘의 두 번째 환상은 바벨론의 벨사살 왕 제3년(기원전 551년경)에 일어났던 일로 7장의 환상보다 3년 뒤에 일어났던 사건이다. 두 번째 환상의 배경은 페르시아 제국의 엘람(Elam) 지역 수산(Susan) 성 부근을 흐르는 을래(Ulai River) 강변이었다. 장소가 바벨론에서 페르시아 나라의 수도로 옮겨졌고 다니엘은 새로운 환경에서 보았던 환상과 꿈을 소개함으로 9장을 포함해서 이후 그의 관심이 페르시아로 옮겨진 것을 볼 수 있다.(을래 강은 수산 성 부근을 흐르던 강 이름)

학자들은 또 1장에서 7장까지 기록은 당시 여러 나라와 민족들이 공통으로 사용하던 아람어(Aramic)로 기록되었으나 8장 이후 12장 13절까지의 기록은 히브리어(Hebrew, 고대 이스라엘 언어) 말로 기록되었다고 한다. 이는 저자 다니엘이 8장부터 후반부 내용을 이스라엘 민족을 염두에 두고 기록했다고 볼 수 있는 후반부 특징 가운데 하나이다.

두 짐승의 싸움으로 비유되는
두 그리스 왕국들의 전쟁

을래 강(Ulae River)가에 두 뿔을 가진 숫양이 서 있었다. 두 뿔이 길었지만
한 뿔이 다른 뿔보다 길었고 그 뿔은 나중에 난 것이라고 했다. 그 숫양이
서쪽과 북쪽과 남쪽을 향하여 뿔로 받으나 아무것도 그 손에서 구원할 자
가 없었다. 그때에 한 숫염소가 서쪽에서 와서 온 지면에 두루 다니는 모습
이 보였다. 그 숫염소의 두 눈 사이에 크고 강한 뿔이 있었다. 숫염소가 강가
에 있던 숫양에게 돌진하여 그 두 뿔을 꺾고 땅에 엎드러뜨리고 짓밟았다.

숫염소가 스스로 강설할 때 그 큰 뿔이 꺾이고 그 대신 네 뿔이 하늘 사
방을 향하여 치솟았다. 그 중 한 뿔에서 작은 뿔 하나가 나서 남쪽과 동쪽
과 또 영화로운 땅(예루살렘 성)을 향하여 심히 커지다가 하늘의 군대와 별
들 중의 몇을 땅에 떨어뜨리고 스스로 높아져 군대의 주재(하나님)를 대적
했다. 그는 하나님께 드리는 제사를 폐하고 그의 성소를 헐었다. 또 그는
백성들이 드리는 제사를 금지했고 또 진리를 땅에 던지며 자의로 행하며
형통했다.

다니엘은 이때 한 거룩한 이(천사)가 다른 거룩한 이에게 거룩한 성(예루살
렘 성)과 성전을 허물고 훼손하는 이런 패악한 일이 어느 때까지 갈 것인지
를 물었다. 그 천사가 2천3백 주야까지 갈 것이고 그때에 성소가 정결하게
될 것이라고 대답했다.(《NIV 성경》은 '2천3백 주야'를 '2,300 evenings and mornings'
로 번역 곧 1,150일로 해석했으나,《킹 제임스 성경》은 '2,300 days'로 번역 곧 2,300일로 해
석했다)

다니엘이 환상을 보고 그 뜻을 알고자 깊이 생각할 때 천사 가브리엘이 다니엘이 선 곳에 나타났다. 그가 천사 앞에서 엎드렸고 천사는 그에게 환상의 의미를 전했다. "인자야 깨달아 알라, 이 환상은 정한 때 끝에 관한 것이니라." 가브리엘 천사가 그에게 말할 때에 그가 얼굴을 땅에 대고 엎드리어 깊이 잠들었다. 천사는 다니엘을 어루만져서 일으켜 세우며 말했다. 진노하시는 때가 마친 후에 될 일을 내가 네게 알게 하리니 이 환상은 정한 때 끝에 관한 것이니라.

천사의 설명이 계속되었다. 네가 본 바 두 뿔 가진 숫양은 곧 메데와 바사(페르시아) 왕들이요 (3절의 한 뿔이 다른 뿔보다 길었다는 표현은 페르시아 왕국이 메대 왕국보다 강하고 길었다는 비유적인 표현), 털이 많은 숫염소는 곧 헬라(그리스) 왕이요 그의 두 눈 사이에 있는 큰 뿔은 곧 그 첫째 왕이요 이 뿔이 꺾이고 그 대신에 네 뿔이 나온즉 그 나라가 갈라져 네 나라가 일어났으나 첫째의 권세만 못하리라. 이 네 나라의 마지막 때 반역자들이 가득할 즈음에 한 왕이 일어날 것이며 그 얼굴은 뻔뻔하며 속임수에 능하며, 그 권세가 강할 것이나 자기의 힘으로 말미암은 것이 아니며 그가 장차 놀랍게 파괴 행위를 하고 자의로 행하며 형통하여 강한 자들과 거룩한 백성을 멸하리라. (헬라의 첫째 왕은 알렉산더 대왕이며 그가 죽고 나서 그 뒤를 이어 네 개의 그리스 나라가 일어날 것과 네 나라의 마지막 때에 일어날 한 왕은 시리아 왕국의 안티오쿠스 4세 에피파네스 왕이고, 그는 예루살렘 성을 점령하고 성전을 모독하고 더럽혔던 것은 물론 항거하는 유대인들을 대거 학살했다)

그가 꾀를 베풀어 제 손으로 속임수를 행하고 마음에 스스로 큰 체하며 또 평화로운 때에 많은 무리를 멸하며 또 스스로 서서 만왕의 왕(하나님)을 대적할 것이나 그가 사람의 손으로 말미암지 아니하고 깨지리라.(에피파네스 왕은 원인이 밝혀지지 않은 병으로 이집트에서 철수해서 귀국하던 길에 죽었다) 이미 말한바 주야에 대한 환상은 확실하니 너는 그 환상을 간직하라. 이는 여러 날 후의 일임이라 하더라.

다니엘은 이 환상을 보고 놀랐고 지쳐서 여러 날 앓다가 왕궁의 일을 보았다고 고백하며 아무도 환상의 뜻을 깨닫는 사람이 없었다고 기록하며 8장 얘기를 끝냈다.

이곳 8장의 얘기도 7장과 같이 해석에 어려운 부분이 있다. 그 가운데 몇 가지의 보편적인 해석을 소개한다.

8장의 보편적 해석

작은 뿔은

그리스 시리아 왕국의 말기에 나타난 안티오쿠스 4세 에피파네스(Antiochus IV Epiphanes) 왕으로 그는 주전 168년 예루살렘 성을 점령하고 3년 동안 약탈과 성전 오염 및 훼손 행위를 자행했다.

하늘의 군대와 별들은

예루살렘 성과 성전을 방어하던 이스라엘 성도들을, '군대의 주재'는 이스라엘 민족을 다스리던 하나님을 상징한다.

2천3백 주야는

1,150일로 약 3년 2개월이며 7장의 3년 반과 거의 같은 환란의 기간이다. 그러나 이 기간을 2,300일로 계산해서 해석한 주장이 있다. 시리아 안티오쿠스 왕이 유대인과 성전을 공격하기 시작했던 때가 기원전 171년 9월 6일이었고 그동안 여러 악행을 자행했지만 이에 독립투쟁을 벌렸던 유대 마카비 형제(Macabee

Brothers)의 전승으로 예루살렘 성과 성전을 회복했던 때가 주전 165년 12월 25일로 이 두 시기의 차이가 거의 2,300일이라는 주장이다.

정한 때 끝은(the time of the end)

두 가지 의미로 쓰였다. '정한 때'는 하나님이 어떤 일의 완성 시기로 정한 때를 말하며 또 많은 경우 하나님이 정한 세상이 끝나는 종말의 때를 의미한다.

일곱 번째와 여덟 번째(7, 8장) 비교

두 장의 공통점과 차이

두 장의 환상은 고대 중근동과 서양 일부 지역(그리스와 로마)에 나타났던 여러 왕국들과 왕들의 전쟁과 통치를 다루었다는 점에서 공통점을 찾을 수 있다. 그리고 권력을 잡은 악한 왕이 하나님 나라를 거역하며 하나님을 믿는 성도들과 그들이 살던 예루살렘 성과 성전을 파괴하고 성도들을 죽이고 박해했던 사실을 기록했다는 점도 두 장이 똑같다. 이런 박해 속에서 하늘의 주재이신 하나님이 결국 이들 세상 권세를 물리치고 성도들을 구원한다는 궁극적인 결론 부분도 이 세상에 대한 하나님의 완전한 통치라는 주제와 같이 거의 동일하다.

한편 두 장이 전개하는 세상 왕국들이 7장에서는 2장의 신상의 네 부분이 상징하는 네 왕국들과 같이 바벨론, 메데- 바사 왕국 그리고 헬라 왕국들과 로마 제국의 초기까지 고대 역사에 차례로 나타난 4개의 왕국들을 다루고 있다. 반면 8장은 메데-바사 왕국과 그리스 왕국들(시리아와 이집트의 그리스 왕국)이라는 두 왕국들을 다루었다는 점이 다르다. 이런 이유로 예루살렘 성과 성도들에 대한 박해를 자행했던 '악한 왕'이 7장에서는 로마 제국의 한 왕으로 그리고 8장에서는 그리스 시리아 왕조의 말기에 나타난 왕으로 서로 다르지만 그러나 궁극적으로 둘 다 세상의 마지막 때에 큰 전쟁을 일으킬 적그리스도를 계시하는 한 모형이라는 점에는 별 차이가 없다.

결국 두 장의 차이점은 저자인 다니엘의 관점이 점차 예루살렘 성과 성전으로 집중하고 있는 것을 보게 된다. 8장에서 다니엘의 관점은 역사에 나타났던 4개의 왕국들 가운데 팔레스타인 지역, 특히 예루살렘 성을 지배하고 큰 사건을 일으킬 두 왕국에 집중되었다. 첫째 왕국은 메데와 바사 왕국으로 바벨론 시대가 끝나고 일어난 새로운 왕국이었다. 특히 바사(페르시아) 왕국의 고레스 왕은 북방에 살던 모든 유대인들에게 예루살렘 귀환을 허락했던 역사적 칙령을 발표한 왕이다. 그리고 두 번째 나타난 그리스 시리아 왕국은 알렉산더 대왕의 페르시아 정복(주전 313년)을 기점으로 늘 페르시아 왕국에 큰 위협이 되었던 나라이다. 또한 그리스 시리아 왕국의 말기에 나타난 왕은 예루살렘 성을 공격하고 성전을 크게 훼손한 것은 물론 수많은 유대인을 살해한 악한 세상 권세의 표본이었다.

커지는 세상 권세와 박해

다니엘이 본 두 환상에서 세상 권세를 상징하는 두 왕이 등장해서 예루살렘 성을 점령하고 성도들을 살해하며 박해하는 사건이 벌어졌다. 다니엘은 자신의 세대에서 겪었던 예루살렘 성 파괴와 성전 소실 그리고 유대인들이 당했던 여러 박해를 직접 경험했던 사람이다. 그는 앞으로 나타날 역사에서 두 번씩이나 예루살렘 성과 성전 파괴 사건을 보고 심히 마음이 아팠다. 사건의 진상과 그 이유를 더 알고 싶어서 천사에게 물었으나 그 악행의 기간이 3년 반 정도의 기간으로 정해져 있다는 사실을 들었을 뿐이다. 모진 핍박의 시간이 한없이 지속하지 않고 제한되어 있다는 것은 성도들에게는 큰 위로였다.

오늘 다니엘서를 읽는 독자들은 이런 박해는 다니엘의 시대나 그 이후 다른 왕국들 속에 계속 일어났던 것을 기독교 역사에서 알고 있다. 그리고 세상 세력은 지금도 계속 커지고 있고 문화의 발전에 따라서 다양하게 모습을 변하고 있는 것도 사실이다. 이런 엄중한 상황은 다니엘의 경우와 같이 교회 지도자들의 큰 각성과 영적 부흥 운동을 요구하고 있다.

세상 권세를 꺾는 하늘의 권세

다니엘은 7장에서 밤 환상 중에 '인자 같은 이'가 하늘 구름을 타고 와서 하나님께 나아가 그 앞에 인도함을 받는 광경을 보았다. 그리고 영존하시는 하나님이 그에게 권세와 영광과 나라를 주고 모든 백성과 나라들과 다른 언어를 말하는 모든 자들이 그를 섬길 것이고 그리고 그의 나라는 영원토록 멸망하지 아니할 것이라고 분명하게 선포하는 소리를 들었다.

8장에서는 악한 그리스의 왕이 스스로 서서 '만왕의 왕'을 대적했고 감히 자신이 신이라고 선언했지만 사람의 손이 아닌 하나님의 손에 의해서 그는 망했던 것이다. 이미 2장에서 본 것 같이 세상 나라를 상징하는 신상의 여러 부분을 발끝에서 시작해서 몸통, 머리까지 모두 산산 조각으로 파괴했던 '돌 산'은 하나님과 그의 아들 예수 그리스도의 통치를 상징했던 것이다.

결국 사람들의 나라는 모두 망했지만 예수 그리스도의 나라는 영원하며 마지막에 지극히 높으신 이의 성도들이 최후의 승자로 나라를 얻으리라는 것이 두 장의 주제였다. 즉 인류 역사는 위대한 왕이나 사람들이 다스리는 왕국들 위에 보이지 않는 하나님의 손이 준비하고 이끈다는 사실을 상징으로 보여준 꿈이었다.

전반부 2장과 후반부 7, 8장의 신상과 짐승

2장은 주전 605년에 느브갓네살 왕이 꿈속에서 보았던 '큰 신상'에 대한 얘기였다. 7장은 '큰 신상'의 네 부분에 해당하는 네 짐승이 2장의 시대에서 거의 50년이 지난 주전 553년에 다니엘의 꿈속에서 나타났다. 그때부터 3년 뒤인 주전 550년에 다니엘이 보았던 두 짐승이 상징하는 두 왕국이 8

장에 또 등장했다. 7, 8장의 짐승들이 2장의 큰 신상과 다른 것은 7, 8장은 열국의 왕들 가운데 한 왕이 적그리스도의 앞잡이로 나타나 성도들과 그들의 도성을 공격 파괴하는 무서운 모습을 보였다는 점이다. 이런 꿈과 환상은 예루살렘 성과 성전의 비참한 파멸을 알고 있던 다니엘의 마음에 큰 근심을 낳게 했다. 그는 꿈속에서 천사들을 상대로 계속 진실을 알고자 물었다. 그러나 그들의 대답은 다니엘의 마음을 위로하기는커녕 더욱 번민에 고민을 더하게 만들었다.

7장, 8장 그리고 2장의 비교표

7장	8장	2장	상징
첫째 짐승: 사자	금 머리	느브갓네살 왕	
둘째 짐승: 곰	숫양	은 가슴	메데와 페르시아 왕국
셋째 짐승: 표범	숫염소	청동 배	알렉산더 대왕과 그리스 왕국들
넷째 짐승 : 무서운 짐승	철과 흙이 섞인 다리	로마 제국과 10 왕	
인자 같은 이	만왕의 왕	온 세계에 가득한 돌	예수 그리스도

모든 예언은 상징적인 언어를 사용했기 때문에 해석상 여러 문제점을 가지고 있다. 많은 미래에 관한 예언은 사건이나 인물을 직설적으로 표현하는 대신에 대개는 상징적인 표현을 사용했다. 특히 짐승이나 신상 등 비유적인 표현이나 추상적인 언어를 사용했기 때문에 많은 시간이 지난 후에 사람들이 읽고 해석하는 과정에서 여러 해석이 나올 수 있는 구조적인 변동성을 포함하고 있다.

몇백 년 혹은 몇천 년이 지나고 나면 세상은 변하고 완전히 달라진다. 예언을 긴 세월이 지난 후 전혀 다른 세상에 옮겨 놓을 때에 적절한 해석이나 상징성을 찾아내는 일은 그만큼 어렵다. 다니엘이 전했던 7, 8장과 그 이후 예언들에도 같은 문제점이 있는 까닭에 지금까지 여러 해석이 나왔다. 그러나 꿈이나 환상의 해석에서 조금씩 차이가 나는 것을 어렵사리 따지기보다는 우리가 주의해야 할 것은 그것들이 주는 주제가 무엇인지 그리고 오늘 우리에게 주는 메시지가 무엇인지를 찾는 일이다.

유대 종교의 심판

앗시리아와 바벨론 왕에 의해서 쫓겨나고 사로잡혀 갔던 유대인들은 고레스 칙령에 의해 예루살렘 성으로 돌아가서 바로 성전을 재건했다. 하나님은 자신의 백성으로 유대 민족을 택하셨지만 그들이 참다운 신앙을 버리고 대신 유대 종교를 세웠을 때 주저없이 그것을 이방인의 손에 맡겨 부셔버렸던 것이다. 유대인은 하나님께 특별한 민족임에는 틀림이 없다. 또한 그는 장차 유대 민족을 특별히 대우할 것이다. 그러나 하나님은 느브갓네살 왕을 통해서 유대 종교를 거부했던 것이다. 7장과 8장 예언은 회개할 줄 모르는 고집스런 유대인들에게 독생자 예수 그리스도를 보내기 전에 마지막 기회를 주었던 사건이었다. 유대인들은 그럼에도 불구하고 회개하지 않다가 하나님의 심판을 받았다. 서기 70년 예루살렘 성과 이스라엘 나라는 로마 군대에 의해서 멸망했고 성전은 완전히 파괴되었다. 그 이후 20세기 말 2차 대전이 끝날 때까지 이스라엘 민족은 나라 없는 민족으로 온 세계에 흩어져 살아야 했다.

하나님의 다스림

하나님은 우리가 사는 시간과 공간을 초월하신 분이다. 그는 우리에게 필요한 가까운 장래 일들도 알려주지만 그의 경영 속에 있는 먼 미래의 것들도 반드시 필요한 때에 사람들에게 알려주고 깨닫게 해서 우리가 걷고 있는 잘못된 삶의 방향을 바꾸려고 했다. 고집스런 유대인들에게 성전 제사와 문자적인 율법 준행을 멈추게 하고 새로운 예배와 구원의 메시지를 알려주기 위해서 다니엘을 통해서 예수 그리스도의 출생과 사망과 구속의 은혜를 전했고 또 먼 인류의 미래사(종말)까지 보여 주었다. 그러나 그들은 옛것을 버리지 못했고 고집스럽게 유대교를 고집했다.

하나님은 다니엘을 통해서 유대인뿐만 아니라 모든 세상 인류에게 사람들이 아무리 훌륭한 사상이나 완벽한 종교를 세우고 거대한 세상 권력을 만들고 나라나 민족을 지배하려고 하지만 하나님을 등진 악한 세상을 부서뜨릴 큰 돌이 반드시 올 것이고 그 후에 완전한 '하나님 나라'가 올 것을 알려주었던 것이다.

아홉 번째 이야기
회개와
거룩한 메시지

다니엘의 회개 기도

예수 그리스도의 오심과 죽음 그리고 부활

아홉 번째 얘기(9장)는 여덟 번째(8장)의 꿈 사건이 일어난 후 열두 해가
지난 주전 538년경 메대 다리오 왕 원년이었다. 다니엘은 당시 이미 80세
의 나이로 그의 관심은 자신이 포로로 잡혀 떠날 수밖에 없었던 고국 이스
라엘 나라와 어린 시절 그가 살던 예루살렘 성을 생각하며 칩거하던 때였
다. 그는 서가에서 찾은 예레미야 선지자의 글을 읽다가 망국으로 예루살
렘의 황폐함이 70년 만에 그치리라는 말씀(렘25:11-12)을 읽고 문득 그때가
이미 이른 것을 깨달았다. 그가 오랫동안 마음속에 깊이 간직한 채 잊고 지
냈던 고향에 대한 그리움이 소리 없이 자란 나이와 함께 가슴에 사무쳤다.

메대 다리오 왕은 다른 역사 기록에는 나타나지 않고 단지 〈다니엘서〉에
만 등장하는 메데-페르시아 왕의 이름이다. 학자들은 다니엘이 인용했던
메데 다리오 왕은 페르시아 고레스 왕의 다른 이름이거나 혹은 고레스 왕
이 임명했던 메대 지역 통치자였을 것이라고 생각하고 있다.

다니엘의 결심

그는 책 속에서 유대인이 포로로 잡혀 이스라엘 땅을 떠나 타국에서 지낼 기한이 70년이고 그것이 찬 것을 깨닫고 하나님께 민족과 나라의 회복을 위하여 금식하며, 베옷을 입고, 재를 덮어쓰고 겸손히 기도하며 간구하기로 결심했다. 유대인이면 누구나 그날을 고대하며 기다리던 나라의 회복이었다. 그는 하나님의 마음을 재촉할 방법은 오직 기도 이외에는 다른 방법이 없다는 것을 알고 먼저 자신이 그의 앞에 겸손하게 나서기로 굳게 결심했던 것이다.

눈물로 기도했던 그의 기도와 간구는 〈다니엘서〉 9장의 대부분을 차지하고 있고, 기도에 대한 하나님의 응답은 후반 부분에 기록했던 4절(9: 24~27절)의 거룩한 메시지뿐이었다. 하나님의 응답은 짧았지만 그 내용은 이후 세상을 바꿀 중대한 그리고 역사적 선언이었다.

다니엘의 기도는 포로기에 출생했던 2세대 유대인 지도자였던 에스라(Ezra)와 느헤미야(Nehemiah) 선지자가 기록했던 〈에스라〉와 〈느헤미야〉 9장의 회개 기도와 함께 성경에 나타난 대표적 회개 기도로 유명하다. 그는 유대인 1세대의 바벨론 포로는 물론 이스라엘 민족의 조상들과 그들의 왕과 지도자들이 한 세대에서 다른 세대로 세대를 이어가며 계속 범했던 여호와 하나님께 대한 모든 반역의 죄를 고백하고 용서를 구했다. 그는 모든 유대인을 대표하는 눈물겨운 회개 기도를 이곳에 기록했다.

다니엘의 기도

다니엘의 기도는 거룩하신 하나님 앞에 스스로 몸을 낮추는 겸비(3절)로 시작해서 하나님을 찬양하며 경배하고(4절) 본론으로 들어갔다. 본론 첫 부분이 회개와 참회(4~15절)였고 둘째 부분은 하나님의 용서와 구원을 위한 간구(16~19)였다. 그의 회개는 이스라엘 나라와 민족과 조상들이 많은 선지자들의 통렬한 지적과 하나님의 경고에도 불구하고 계속해서 하나님의 계명을 어겼고 우상숭배라는 최악의 범죄에 빠져서 행했던 죄악을 자백하고 하나님께 용서를 구하는 기도였다. 그는 또 유대 나라의 패망과 모든 유대인이 이국땅에 끌려가 당하는 수치를 하나님의 심판과 분노로 인정하고 어느 민족이나 어느 누구도 차별하지 않는 하나님의 공의 앞에 무릎을 꿇고 울며 고백했다. 그는 아무런 자격도 선행도 없지만 오직 하나님의 자비하심과 용서하심에 의지해서 그의 구원을 간청하고 눈물로 간구한다고 자신과 민족의 형편을 고백했다. 그는 자비하신 하나님께 유대 백성이 당하는 현재의 고통과 신음 소리를 들으시고 곧 말씀대로 구원을 베풀어주기를 간구하며 그의 앞에 엎드렸다.

거룩한 메시지(24~27절)

다니엘이 예루살렘 성의 회복과 민족을 위해서 기도할 때 그가 이전에 환상 중에 보았던 가브리엘 천사가 빨리 날아와서 오후 3시 저녁 제사를 드릴 즈음 그에게 이르렀다. 천사는 다니엘에게 그는 하나님의 큰 은총을 받는 종이라는 사실을 상기시키고 지혜와 총명을 주며 하나님이 정한 구세주의 출현을 알려주며 이 놀라운 사실을 깨닫기를 부탁했다. 천사가 전했던 말씀은 다니엘의 기도 요청을 넘어서는 인류의 구세주(메시아)로 오신 예수 그리스도의 탄생과 죽음과 마지막 날까지 이어질 성전의 황폐함을 전하는 하나님의 메시지였다.

구세주의 탄생과 사역(24절)

네 백성과 네 거룩한 성을 위하여 칠십 이레(70×7년=490년)를 기한으로 정하였나니 허물이 그치며 죄가 끝나며 죄악이 용서되며 영원한 의(Righteousness)가 드러나며 환상과 예언이 응하며 또 지극히 거룩한 이(The most holy)가 기름 부음을 받으리라.

예루살렘 성의 중건(25절)

그러므로 너는 깨달아 알지니라. 예루살렘 성을 중건하라는 영이 날 때부터 기름부음을 받은 자 곧 왕이 일어나기까지 일곱 이레와 예순두 이레(7×7+62×7=483년)가 지날 것이요 그 곤란한 동안에 성이 중건되어 광장과 거리가 세워질 것이다.

구세주의 죽음(26절)

예순두 이레(62×7=434년) 후에 기름 부음을 받은 자가 끊어져 없어질 것이며 장차 한 왕의 백성이 와서 그 성읍과 성소를 무너뜨리려니와 그의 마지막은 홍수에 휩쓸림 같을 것이며 또 끝까지 전쟁이 있으리니 황폐할 것이 작정되었느니라.

성전의 황폐 그리고 세상의 종말 (27절)

그가 장차 많은 사람들과 더불어 한 이레(7년) 동안의 언약을 굳게 맺고 그가 그 이레의 절반에 제사와 예물을 금지할 것이며 또 포악하여 가증한 것이 날개를 의지하여 설 것이며 또 이미 정한 종말까지 진노가 황폐하게 하는 자에게 쏟아지리라.

예언의 이해를 돕는 말

예수 그리스도를 따르는 기독교는 9장 예언을 7장에 이어 〈다니엘서〉의 핵심 주제의 하나로 보았고 많은 사람들이 위에 인용한 9장 24~27절의 성경 말씀을 바르게 해석하기 위해서 노력했다. 그리고 많은 학자들이 지금까지 여러 해석을 내놓았다. 그 가운데 예언의 이해를 돕는 몇 가지 역사적 사건과 대표적인 복음주의적 해석을 소개한다.

1. 유대인의 포로 기간 '70년'(2절) 두 가지 산출 근거

-1차 바벨론 포로, 주전 605년에서 고레스 칙령(주전 538년) 이후 성전 재건을 시작한 첫 해인 536년까지의 약 70년

-예루살렘 성과 성전이 완전하게 파괴되었던 주전 586년 느브갓네살 왕

의 3차 침공에서 성전 재건이 완성되었던 해인 516년까지 70년

2. '지극히 거룩하신 이' '영원한 의' '칠십 이레'(24절)

지극히 거룩하신 이는 하나님 혹은 그의 아들 예수 그리스도이다. '영원한 의'(the everlasting righteousness)는 하나님 혹은 그의 공의를 상징한다. 이스라엘 민족은 하나님이 자신의 백성으로 선택했던 민족이지만 그들이 죄악을 범했을 때는 '율법' 책에 기록한 대로 나라를 망하게 하고 민족이 타국에서 수치를 당하게 했다. 바로 하나님은 어느 민족 어느 누구에게나 공평하고 바른 하나님이라는 뜻이다. '칠십 이레'는 70×7년=490년을 말한다. 예루살렘 성의 중건 명령은 주전 458년에 페르시아 아닥사스다 왕(Artaxerxes 1)이 유대인 제사장 에스라(Ezra)에게 내렸고, 이때부터 기름부음을 받은 자 곧 왕(Lord Jesus Christ)이 죽음을 당하는 주후(AD) 32/33년까지가 490년이다. 중건 명령은 에스라뿐만 아니라 느헤미야에게도 내렸던 까닭에 다른 계산 방식도 있으나 보통은 전자를 따른다.

3. '일곱 이레'는 7×7=49년이고 '예순두 이레' 62×7=434년이다.(25절)

그리고 '한 이레'(27절)는 7년으로 이들 모두를 합치면 총 490년이 된다. 예루살렘 성전은 아닥사스다 왕의 중건 명령이 내리고 난 후에 49년(일곱 이레) 만에 완공되었다. '예순두 이레'는 434년으로, 두 기간을 합치면 483년으로 유대식 월력의 시차를 고려하면 거의 490년이 된다는 주장과, 어

떤 학자는 27절의 '한 이레'를 더해서 490년이라고 주장한다. 그러나 복잡한 숫자 계산보다는 성전 중건 명령이 난 후 490년 후에 기름부음을 받은 자(메시아, 예수 그리스도)가 이 땅에 태어나 약 32세를 살고 십자가에서 죽었다는 사실이다.

4. '이레'는 7일을 말하고 안식일은 그 마지막 날이다.

창세기 1장에서 하나님이 천지 만물을 6일 동안 창조하고 그 일곱째 날에 쉬었다는 성경을 근거로 유대인은 일주일은 7일이고 마지막 날(토요일)은 안식일로 지켰다. 또 유대인들은 7일, 7년, 49년(7×7), 70년에서 7이라는 숫자를 완전 숫자 혹은 어떤 주기의 끝을 의미하는 숫자로 사용해서 단순히 날수나 햇수를 계산하는 숫자 이상의 의미를 두었고 이를 율법으로 따랐다. 가브리엘 천사는 다니엘에게 총 490년의 기간을 이렇게 세 부분으로 나누어 설명했던 것이다.

5. "장차 한 왕의 백성이 와서 그 성읍과 성소를 무너뜨리려니와 그의 마지막은 홍수가 휩쓸림 같을 것이며 또 끝까지 전쟁이 있으리니 황폐할 것이 작정되었느니라" (26절)

예수 그리스도가 십자가 위에서 죽고 나서 서기 70년에 로마 티투스 장군에 의해서 예루살렘 성과 성전은 완전히 무너지고 황폐할 것이라는 예언이다.

6. "그가 장차 많은 사람들과 더불어 한 이레(7년) 동안의 언약을 굳게
   맺고..."(27절)

학자들이 여러 해석을 냈다. 하나는 그는 로마 티투스 장군이고 많은 사람들은 유대인들을 가리킨다고 했다. 다른 하나는 마지막 '한 이레' 즉 '7년'은 아직도 오지 않은 미래의 시간으로 적그리스도가 올 때 일어날 종말적인 황폐함을 상징한다고 주장한다. 이 밖에도 다른 해석들이 있다.

예언과 충격

새로운 세상의 선포

다니엘이 하나님께 기도를 드렸던 바로 그 시작 즈음에 하나님은 명령을 내렸고 가브리엘 천사는 하나님의 작정을 다니엘에게 알려주려고 빨리 날아왔던 것이다. 하나님의 말씀은 그의 기도에 대한 응답이라기보다는 인류의 미래에 있을 중요한 한 역사적 사건을 알려주는 것이었다. 그것은 앞으로 490년이 지나면 '지극히 거룩한 이'(The most holy) "바로 구세주인 예수 그리스도가 이 땅에서 기름부음을 받을 것이며, 그는 이 땅에서 허물과 죄를 끝내고 죄와 죄악을 용서하고 영원한 진리를 드러낼 것"이라고 선포했다. 그는 또 지금까지 많은 선지자들이 전했던 환상과 예언을 다 이룰 것이라고 전했다. 이는 인류의 구원 사역을 하나님의 아들인 예수 그리스도를 통해서 완성하겠다는 하나님의 예정을 그의 사자인 가브리엘을 통해서 다니엘에게 그리고 유대 민족에게 알렸던 사건이다.

예언의 충격

구세주로 메시아가 이 땅에 와서 시작할 새로운 시대에 대한 하나님의 통보는 다니엘에게 매우 충격적인 말씀이었다. 이스라엘 민족은 오래전부터 하나님이 이미 예고했던 민족을 구원할 '메시아'를 자나깨나 기다려왔다. 특히 이방 민족들의 지배 속에 살았던 그들은 더욱 민족을 구원할 구세주의 탄생을 고대했다. 그러나 천사가 전했던 '메시아'는 이 땅에 올 것이지만 그들이 고대했던 '메시아'는 전혀 아니었다. 구세주 메시아가 곧 죽임을 당하고 예루살렘 성은 다시 황폐하게 되고 나라마저 망하리라는 예언은 도저히 믿기 어려운 충격이었다. 다니엘뿐만 아니라 이스라엘 민족이라면 모두가 인정할 수 없는 예언이었고 유대인이면 다 듣고 놀랄 소식이었다. 그러나 가브리엘 천사가 전했던 하나님의 엄중한 말씀이었다. 다니엘은 기가 막혀 쓰러졌고 말도 할 수 없었다.

역사적 사실

다니엘의 시대가 지나고 세월이 5백여 년이 흘렀다. 하나님의 아들 예수 그리스도가 유대 땅에 태어났고 그리고 로마 군사에 의해서 십자가에서 죽었다. 그때가 서기 32년경이었다. 페르시아 왕국의 고레스 왕이 내린 유대인의 예루살렘 귀환 칙령(주전 530년)에 이어서, 아닥사스다 왕이 예루살렘 성전 중건 명령을 내렸던 때(주전458년)부터 490년의 긴 시간이 지나서 가브리엘 천사의 예언은 말 그대로 이루어졌다. 예수 그리스도가 십자가에서 죽었고 이어서 주후 70년에는 로마의 티투스(Titus) 장군이 이끄는 군대에 의해서 예루살렘 성은 완전히 파괴되었고 이스라엘 나라는 역사에서 완전히 사라지는 참혹한 패망을 당했던 것이다.

많은 유대인들이 이때부터 〈다니엘서〉를 주목하기 시작했고 기독교와 함께 예언의 사실성을 의심치 않고 그 의미를 여러 각도에서 연구하기 시작했던 것이다.

이스라엘 민족에 대한 예언

하나님은 이스라엘 민족이 당하고 있던 핍박과 예루살렘 성의 황폐에 대해서는 침묵으로 일관하며 대신 먼 훗날에 있을 모든 인류의 구원 소식을 전했다. 그리고 구원의 주로 오신 메시아가 바로 죽임을 당하고 예루살렘 성은 로마 군인들에 의해서 다시 황폐하게 될 것이라고 오히려 이스라엘 나라의 멸망과 함께 그것이 정해진 시간까지 오랫동안 이어질 것이며 끝없는 전쟁이 있으리라는 말씀이었다.

하나님의 침묵은 놀랍게도 이스라엘 민족이 누렸던 '하나님의 백성'이라는 배타적인 특권이나 '하나님의 임재'를 상징했던 예루살렘 성전의 독보적 위상에 대한 하나님의 강력한 경고를 전하는 의미가 있었다. 이스라엘 민족은 이런 경고에도 불구하고 실제로 5백년 후에 구세주로 온 예수 그리스도를 영접하는 대신에 로마 군사를 통해서 그를 십자가에 매달아 죽임으로 또 큰 죄악을 범했다. 그 결과 서기 70년 티투스 장군이 이끄는 로마 군대는 예루살렘 성을 공격해서 성을 완전히 초토화했고 성전은 다 부서져 벽돌 한 장도 제자리에 남지 않을 만큼 파괴되었다. 이스라엘 민족은 이렇게 지난 2차 세계 대전이 끝날 때까지 나라 없는 민족으로 흩어져 살았다.

유대 종교와 기독교의 쟁점

"네 백성과 네 거룩한 성을 위하여 일흔 이레(seventy sevens)를 기한으로 정하였나니 허물이 그치며 죄가 끝나며 죄악이 용서되며 영원한 의가 드러나며 환상과 예언이 응하여 또 지극히 거룩한 이가 기름부음을 받으리라"(단9장 24)

다니엘은 가브리엘 천사로부터 장차 490년이 지나면 이스라엘 민족과 예루살렘 성을 위하여 한 거룩한 이가 나타날 것이 작정되었다는 하나님의 말씀을 들었다. 기독교는 이 '거룩한 이'가 바로 인류를 죄에서 구원할 예수 그리스도라는 사실을 의심 없이 믿고 있다.

반면 유대교는 기독교와는 전혀 다르게 해석했다.

기독교와 유대교가 다니엘의 예언을 각각 다르게 해석했던 가장 큰 이유는 다음 성경 구절인 26절에서 "기름 부음을 받은 '거룩한 이'가 예순두 이레 후에 끊어져 없어질 것"이라는 문장이었다. 기독교는 '거룩한 이'가 '예수 그리스도'이며 그가 예언에 따라 490년 후에 십자가에 못 박혀 죽었던 사실을 믿는다.

반면 유대교도 오랫동안 그들을 구원할 '메시아'를 기다리고 있었다. 그 '거룩한 이'가 '메시아'라면 그렇게 죽을 수가 없었다. 그들은 전통적으로 '메시아'는 민족의 영웅인 '모세'나 혹은 '다윗 왕'과 같이 실질적으로 민족을 이끌고 강성하게 만들 왕이나 지도자를 의미했다.

유대인의 새 역할, 세계 역사를 바꾼 영향력

고국 이스라엘 나라와 민족에 대한 다니엘의 애틋한 관심은 실질적으로 뒤에 있을 고레스 왕궁에서 행사했던 그의 적극적인 영향력에서 나타났다. 그는 그의 고백처럼 메대의 다리오 왕이나 페르시아 고레스 왕의 고위 대신 혹은 자문관의 자리에서 페르시아 왕조의 대 속국 정책에 영향력을 행사할 수 있었다. 우리가 주목하는 페르시아 고레스 칙령은 바벨로니아 왕국 때와는 다른 페르시아의 새로운 외교 국방 정책의 일환으로 분명하게 친이스라엘 정책이었다. 아무 곳에도 언급이 없지만 다니엘의 고민과 위치를 고려하면 그의 개입은 충분하게 추정이 가능했다.

사실 유대인은 그때부터 오늘날까지 세계 곳곳에 흩어져 살면서 그곳에서 고위 관리나 큰 사업가들 또 역사를 바꾼 유능한 과학자들을 다수 배출했다. 그들은 그들이 거주하던 나라나 국제무대에서 두각을 나타냈고 막강한 영향력을 행사했다. 다니엘의 인생은 이런 의미에서 당시 북방 세계의 역사 흐름을 바꾼 유대인의 성공적 삶의 효시라고 볼 수 있다.

예레미야 선지자와 다니엘의 기도

예레미야는 남유대의 요시아 왕 13년(주전 626년)부터 예언 활동을 시작해서 유대 나라가 망할 때까지 활동했던 선지자이다. 그는 요시아 왕에서 시작해서 여호아하스-여호야김-여호야긴 그리고 마지막 시드기야 왕 때까지 임박한 유대 나라의 멸망을 슬퍼하며 사람들이 우상숭배와 죄악에서 떠날 것을 울며 외쳤던 유대 최대의 선지자였다. 그는 북이스라엘의 아나돗이라는 곳에서 태어나 유대가 망한 후 이집트로 내려가 그곳에서 순교했다고 전해진다.

예레미야의 활동 시기는 다니엘 세대보다 한 시대 앞서 시작해서 유대가 멸망한 후까지 약 45년 동안 선지자로 활동했다. 다니엘은 그보다 앞서 살았던 예레미야 선지자의 활동을 청소년기에서부터 알고 있었고, 특히 예레미야의 바벨론 나라에 대한 호의적 시각을 알았고 유의했을 것이다. 요시아 왕의 신앙 개혁 운동은 예레미야 선지자가 유대 나라의 멸망을 예언했던 날로부터 약 5년이 지난 후에 시작되었고, 요시아 왕의 친바벨론 적인 성향은 예레미야 선지자의 주장과 무관하다고 보기는 어렵다. 눈물의 선지자라고 부르던 예레미야와 요시아 왕의 관계는 두 사람의 전통적인 신앙이나 국제적 감각에서 나타난 뚜렷한 성향으로 보아서 깊은 동질성 혹은 연관성을 부인하기 어렵다.

다니엘은 요시아 왕의 손자인 여호야김 왕 3년(주전 605년)에 소년으로 바벨론에 끌려갔던 유대 귀족(왕손) 포로였다. 그가 노년기를 맞았다. 그는 부지런히 말씀을 찾았고 마침내 예레미야의 책을 읽다가 문득 그의 시선이 70년 만에 이루어질 이스라엘 포로의 귀환을 알리는 말씀에 꽂혔다.(렘 25:

11-12) 갑자기 뜨거운 영감이 그의 마음속에 넘치기 시작했고 그는 눈물로 회개의 기도를 시작했던 것이다.

다니엘서의 새로운 의미

아홉 번째 이야기(9장)은 다니엘의 시대로부터 490년이 지나서 이 땅을 찾아 온 하나님의 독생자 '예수 그리스도'를 전하는 중요한 예언이다. 하나님은 다니엘이 예루살렘 성과 유대 민족에 내려진 수치스런 진노를 거두어 달라는 간구에 대한 응답으로 490년 후 미래의 시간에 일어날 큰 사건을 전해 주면서 간접화법으로 대답을 주었던 것이다.

490년은 이 땅의 시간으로 보면 먼 미래의 시간이다. 당시에 살던 아무도 정색을 하고 다니엘이 전했던 사건을 주의 깊게 생각하기는 어려운 미래의 일이었다. 다니엘 본인 역시 이 예언의 의미를 정확하게 이해했는지도 의문스럽다. 단지 시간이 지나서 사건이 일어난 후에 여러 사람들이 이전에 있었던 예언을 읽고 비로소 그 의미를 깨달았던 것이다.

이런 의미에서 다니엘 9장은 많은 유대인들이 유대교를 떠나서 기독교로 돌아오게 했던 구약 성경이다. 그 대표적 인물이 바로 바울 사도였고 9장은 그 대표적 사건을 전했던 성경 말씀이었다. 그가 예수 그리스도의 음성을 다메섹(시리아 다마스커스) 성을 가는 길에서 처음 들었고 그 이후 구약 성경을 다시 처음부터 새로운 시각으로 통독하면서 예수 그리스도의 오심과 구원 사역을 성경적으로 밝혔고 그것을 증거하면서 많은 신약 성경을 기록했던 것이다. 오늘날에도 많은 유대인들이 다니엘서, 특히 9장 말씀을 읽고 유대교를 떠나 기독교로 돌아온다고 한다.

주여 들으소서 주여 용서하소서

주여 귀를 기울이시고 행하소서 지체하지 마옵소서

나의 하나님이여 주 자신을 위하여 하시옵소서

이는 주의 성과 주의 백성이 주의 이름으로 일컫는 바 됨이니이다

지상에서의
영적 전쟁

최후의 대전쟁과 영원한 평화

다니엘서가 전하는 마지막 세 가지 이야기(3장)의 주제는 그가 환상 가운데서 보았던 '큰 전쟁'에 관한 얘기이다. 전쟁은 사람들이 사는 곳이면 끊이지 않는 세상의 부정적 모습 가운데 대표적인 것이다. 역설적이지만 전쟁은 살상과 함께 파괴를 가져왔고 그 뒤에는 늘 새로운 시대와 질서가 따라왔다. 전쟁은 또 여러 종류의 형태로 나타났다. 우리가 읽을 마지막 세 장의 얘기는 눈에 보이는 지상의 전쟁과 눈에 보이지 않는 하늘나라의 전쟁 그리고 이들 두 세력이 마지막으로 치를 지상 결전인 '큰 전쟁'에 관한 얘기이다.

열 번째(10장) 얘기는 사람의 눈에는 보이지 않는 하늘나라에서 벌어지는 전쟁이고 열한 번째(11장) 얘기는 지상에서 벌어지는 큰 전쟁 얘기이며 마지막(12장) 얘기는 하늘나라와 지상나라의 대결로 이 땅의 마지막 전쟁과 그 이후의 큰 변화에 대한 얘기이다. 다니엘은 이 마지막 전쟁 후에 일어날 새로운 세상과 그 나라의 영원한 평화를 전하며 위대한 그의 예언서 기록을 마쳤다.

열 번째(10장) 얘기는 아홉 번째(9장) 얘기에서 3년의 세월이 지나서 다니엘에게 일어났던 환상 사건이다. 고레스 왕 3년에 다니엘이 메소포타미아 평야를 가로지르는 티그리스(Tigris) 강 언덕을 거닐다가 한 환상을 보았다 그는 이 때문에 세 이레(3×7=21일) 동안 슬퍼하며 진상을 알기 위해서 기도할 때 가브리엘 천사가 나타나 그에게 하나님의 계시를 전하며 위로했던 얘기로 다니엘서의 10장에서 시작해서 11장, 12장까지 연결되어 계속 이어졌다.

열 번째 이야기
하늘나라의 전쟁

가브리엘 천사

주전 536년, 페르시아 고레스 왕 3년에 '벨드사살'이라고 부르던 다니엘이 큰 전쟁에 관한 환상을 보고 세 이레 동안을 슬퍼하며 근신했다고 열 번째(10장)얘기의 주제를 전했다. 그는 첫째 달 24일에 티그리스(Tigris) 강가에서 한 거룩한 이가 서 있는 모습을 보았다. 그는 세마포 옷을 입고 황금 띠를 허리에 둘렀고 또 그의 몸은 황옥 같고 그의 얼굴은 눈부신 번개 같고 그의 눈은 타오르는 횃불 같았다. 그의 팔과 발은 빛난 놋과 같고 그의 말소리는 큰 무리가 내는 장엄한 합창 소리 같았다. 다니엘은 홀로 그 모습을 보았고 함께 있던 사람들은 환상을 보지는 못 했어도 환상이 풍기는 두려움에 크게 떨며 도망하여 숨었다. 다니엘은 마치 큰 전쟁을 앞에 둔 왕의 두려운 모습을 한 거룩한 신상을 보고 힘이 다 빠졌고 큰 무리의 소리 같은 그의 장엄한 음성을 들을 때 정신을 잃고 기절해 쓰러졌다.

전쟁은 늘 끔찍한 살육과 파괴가 필연적으로 따랐지만 그 가운데 악한 세력이 기만과 거짓으로 일어나 예루살렘 성을 유린하고 유대 민족을 학살하는 끔찍한 모습은 다니엘의 마음을 얼어붙게 했다. 다니엘은 하나님의 백성이 당할 미증유의 전란과 고통을 보면서 절망과 슬픔 속에 빠져 3주간을 철저히 근신하며 하나님께 그 이유를 물으면서 기도했던 것이다. 이스라엘 민족은 하나님이 직접 선택하고 큰 민족으로 일으켰던 민족이다. 먼 장래의 일이지만, 그는 환상 가운데서 민족에게 벌어지는 엄청난 재난의 이유를 놓고 눈물로 기도했었다.

그때 가브리엘 천사가 다니엘에게 나타나 그를 일으켜 세우고 그가 다니엘에게 오게 된 전말을 설명했다.

> – 큰 은총을 받은 사람 다니엘아, 내가 네게 보내심을 받았느니라. 다니엘아, 네가 깨달으려 하여 네 하나님 앞에 스스로 겸비하기로 결심하던 첫 날부터 네 말이 응답 받았으므로 내가 네 말로 말미암아 왔느니라.(단 10: 11, 12)

다니엘은 비록 바벨론 왕국 사람으로 살다가 새로운 시대인 파사(페르시아) 왕국을 맞이해서 그곳에서도 높은 관리로 계속 살아남은 노장이었다. 천사는 거룩한 신상을 보고 두려움에 떨고 있는 그에게 그의 온전한 인격과 정체성을 깨우치며 두려움을 떨치고 일어서라고 권유했던 것이다. 천사는 다니엘이 하나님의 은총을 받은 특별한 사람임을 상기시켰고, 그는 하나님 앞에서 정직히 살며 처음부터 그 길에서 떠나지 않고 80세가 넘는 일생을 한결같이 살았던 사람인 것을 인정했다. 하나님은 이런 사람들의 기도를 즉시 간파하고 행동을 하는 하늘의 주재였다.

가브리엘 천사의 말이 계속되었다.

- 그런데 바사 왕국의 군주(Prince of the Persian Kingdom)가 21일 동안 나를 막았으므로 내가 거기 바사 왕국의 왕들과 함께 머물러(싸우고) 있더니 가장 높은 군주(One of the chief Princes) 중 하나인 미카엘(Miguael)이 와서 나를 도와 주므로 이제 내가 '마지막 날'에 네 백성이 당할 일을 네게 깨닫게 하러 왔노라. 이는 이 환상이 '오랜 후'의 일임이라.(단10: 13, 14)

다니엘이 가브리엘 천사가 전하는 설명을 듣다가 또 얼굴을 땅에 떨어뜨리고 말문이 막혔다. 전쟁은 이 땅에만 있는 것이 아니었다. 마귀 사탄은 하늘에서 하나님의 큰 천사(종)들의 앞길을 막고 대항하며 전쟁을 벌이고 있었던 것이다. 페르시아의 왕을 돕는 마귀의 앞잡이가 하늘에서 다니엘을 돕기 위해 보냄을 받은 가브리엘 천사의 앞길을 막았던 것이다. 가브리엘 천사는 그들의 방해로 무려 21일 동안을 그곳에 갇혀 있다가 강력한 천사장 미카엘이 그곳에 와서 돕는 바람에 다니엘에게 올 수 있었다고 늦어진 이유를 설명했다. 다니엘이 놀라서 말을 잃었다. 그는 온몸에 힘이 빠졌고 호흡이 끊어진 자 같이 되었다. 다니엘은 자신의 연약한 상태를 말하고 대화를 이어갈 수 없다고 호소했다. 그때에 인자 같은 이가 그의 몸을 어루만지며 다시 힘을 돋우었다.

- 큰 은총을 받은 사람이여, 두려워하지 말라, 평안하라, 강건하라 강건하라!

가브리엘 천사가 다시 하나님의 메시지를 전했다.

- 내가 어찌하여 네게 왔는지 네가 아느냐? 이제 내가 돌아가서 바사 군주와 싸우려니와 내가 나간 후에는 헬라(그리스)의 군주가 이를 것이니라. 오직 내가 먼저 진리의 글에 기록된 것으로 네게 보이리라. 나를 도와서 그들을 대항할 자는 너희의 군주 미카엘뿐이니라.

참고로, 지금까지 여러 사람이 이 부분에 대한 해석을 했고 그 가운데 몇 가지 설명을 이곳에 옮긴다.

미카엘(Miguael) 천사(13절)

이스라엘 민족과 모든 하나님의 백성을 보호하는 천사들 가운데 가장 높은 천사이다. 그는 마지막 날 하늘의 천군 천사를 이끌고 강림할 예수 그리스도 앞에서 서서 싸울 천사장이다.

마지막 날(14절)

여러 영어 성경이 조금씩 다르게 번역했다. 《NIV 성경》은 'in the future'로 번역했고, 《Oxford Standard 성경》은 'at the end of days'로, 《킹 제임스 성경》은 'in the latter days'로 번역했다. 이 세상이 사라지는 그 마지막 날뿐만 아니라 일반적인 뜻으로 먼 훗날을 가리키는 말로도 쓰였다.

바사 군주와 헬라 군주(20절)

페르시아 왕들과 그 후에 나타난 그리스 왕국들을 다스리는 왕들을 영적으로 지배하는 악한 영적 존재들이다. 두 왕국의 지상 왕들은 11장의 설명을 참조할 것.

진리의 글(21절)

대부분의 학자들이 '마지막 때'에 나타날 하나님의 '심판 책 혹은 생명의 책'으로 해석했다.

하늘과 지상의 전쟁

고레스 왕 3년 첫째 달 초에 다니엘이 '큰 전쟁'에 관한 환상을 보고 그 진상을 알기 위해서 근신하며 하나님께 기도드릴 때 하나님은 즉시 응답하며 가브리엘 천사를 그에게 보냈다. 그러나 가브리엘 천사는 페르시아 왕들 가운데 역사하던 악한 영적 세력의 방해로 3주 동안 하늘나라에 갇혀 있다가 미카엘 천사장의 도움으로 풀려나서 고레스 왕 3년 첫째 달 24일에 다니엘에게 도달했다고 그가 명을 받고도 3주 동안 늦어졌던 이유를 자세히 설명했다.

하늘나라에는 하나님을 섬기는 천사들이 수없이 많다. 그 가운데 하나님의 백성을 보호하는 가브리엘 같은 힘센 천사가 있고 그들을 지휘하는 큰 천사인 미카엘과 같은 천사장들이 있다. 그러나 하늘나라에는 나쁜 천사들도 있다. 이들 악한 천사를 마귀(demon)라고 부르고 그 우두머리를 사탄(Satan)이라고 부른다. 마지막 때가 되면 하늘에서 지상으로 내쫓긴 사탄은 하나님의 백성을 이 땅에서 완전히 소탕하고 자신의 왕국을 건설해서 하나님 나라를 거역하는 지상 왕국을 세우고 다스리기 원한다. 사탄은 하나님을 거역할 뿐만 아니라 그의 영원한 나라를 질투하며 어떻게 하든 그 나라가 지상에 서지 못하도록 훼방하기 위해서 방법과 수단을 다하는 영적 존재이다.

영적 존재인 사탄은 지상 왕국들을 다스리는 열국의 왕들을 사용해서 그의 뜻과 계획을 수행하는 존재로 인간의 눈에는 보이지 않는다. 오늘 하나님의 명령을 가지고 다니엘을 찾아온 가브리엘 천사를 하늘나라에서 막고 섰던 자는 바로 이런 영적 존재인 마귀였다. 그는 여러 왕들과 권세 있는 자들의 마음과 정신 속에 숨어서 나라와 나라, 민족과 민족, 그리고 인간 세계에 끊임없는 전쟁과 다툼, 살육과 파괴 그리고 모든 증오 행위를 일으키고 그들을 자신의 뜻대로 다스리려고 한다.

가브리엘 천사는 그들과 싸웠으나 혼자의 힘으로는 그들을 물리칠 수가 없었고 순식간에 날아올 수 있는 우주 공간에서 21일이나 대치하고 있었다. 다행히 천사장 미카엘이 나타나서 그를 돕는 바람에 그가 현장을 빠져나와 다니엘에게 왔던 것이다.

가브리엘 천사는 다니엘에게 하나님의 메시지를 전하고 그는 바로 미카엘 천사를 돕기 위해서 현장으로 가야 한다고 말하고, 그가 간 후에 시간이 되면 다시 이 땅에 헬라(그리스) 왕국을 다스릴 악한 천사가 세력을 잡고 세상에 분쟁을 일으킬 것이라고 전했다. 다니엘은 환상 중에 헬라 군주가 하나님의 백성에게 가할 모진 박해와 성전에서 자행할 신성 모독의 끔찍한 행위를 보았고 그 때문에 21일 동안 고민하며 좋은 음식을 멀리했던 것이다.

진리의 글과 미카엘 천사

가브리엘 천사는 다니엘에게 그가 본 환상은 '진리의 글'이라는 하나님의 경륜이 적힌 책에 기록된 역사적인 사건의 일부라고 전했다. 그는 이어서 하나님의 백성을 보호할 이는 하나님이 부리는 미카엘 천사뿐이고, 세상에는 무적이라고 뽐내는 강대국이나 권세 있는 자들이 있지만 그들을 능히 제압할 하늘의 천군천사가 있고 그 선봉장이 바로 미카엘 천사장이라고 전했던 것이다.

열한 번째 이야기
지상의 대전쟁

큰 전쟁에 대한 예언

가브리엘 천사는 다니엘에게 열 번째 얘기(10장)에 이어서 열한 번째 얘기(11장)에서 계속 '큰 전쟁'에 관한 설명을 이어갔다. 열 번째 얘기는 '큰 전쟁'에 관한 예고편에 해당하는 부분이고 열한 번째 얘기는 그것의 본론이라고 볼 수 있고 다음 얘기인 다니엘서의 마지막 장인 12장은 이 모든 전쟁과 비극의 결론 부분이라고 볼 수 있다. 다니엘이 환상 때문에 큰 고통을 겪을 때 그를 찾아왔던 가브리엘 천사는 열한 번째 얘기에서 다니엘의 시대를 지나서 앞으로 5백 년 동안 진행될 고대 중근동과 서양 역사를 자세히 소개했다.

천사는 북방의 강국 페르시아 왕국의 그리스 도시국가에 대한 침략과, 이후 그리스 알렉산더 대왕의 페르시아 정복과 그리고 그의 사후에 분열 그리스 왕국들의 전쟁을 전하며 그 가운데 중간 요충 지역에 있던 이스라엘 민족이 당할 환란과 성전의 큰 피해를 전했다. 특히 시리아 왕국과 이집트 프톨레미 왕국이라는 남북 두 그리스 왕국의 음모와 대결 그리고 150여

년 동안 계속된 두 나라의 여러 전쟁에 관해서 자세히 설명했고 그 중간 지역인 예루살렘 성이 오가는 두 나라의 군사들에게 당할 환란과 엄청난 피해를 전했던 것이다. 천사는 총명한 다니엘에게 이런 역사적 전쟁을 통해서 이 땅의 강국들이 하나님을 거역하며 하나님을 따르는 그의 백성들에게 가할 무서운 환란과 핍박을 전하며 미래에 있을 사탄과 적그리스도와 그리고 그를 따르는 세상 나라들이 하나님과 그 나라를 공격하는 마지막 '대환란'을 분명하게 예고했던 것이다.

열 번째 얘기(10장)와 열한 번째 얘기(11장) 사이에 저자 다니엘은 "내가 또 메데 사람 다리오 원년에 일어나 그를 도와서 그를 강하게 한 일이 있었느니라"고 막간을 이용해서 그가 바벨론 왕국을 멸망시켰던 메데 다리오 왕을 초기에 크게 도왔다고 고백했다. 앞에 있는 여섯 번째 얘기(6장)에 이어서 그는 메대 다리오 왕 때에 총리가 되어 왕을 크게 도왔던 사실을 다시 이곳에서 확인했던 것이고 그의 고백은 단순한 사실을 넘어 상당한 의미를 독자에게 암시하고 있다. 그의 고백은 동시대인으로 유대인 포로의 귀국을 허락했던 페르시아 고레스 왕의 칙령 발표에 그가 어떤 역할을 했으리라는 의미를 무심한 듯 확인했던 것이다.(메데의 다리오 왕과 바사의 고레스 왕은 동일 인물이라는 주장을 고려하면 가능성이 큰 추정이다)

예언과 역사

천사가 다니엘에게 설명했던 '큰 전쟁'은 한 가지 전쟁이 아니고 주전

480년에 있었던 페르시아 크세르크세스 왕의 그리스 침략 전쟁부터 시작해서 마지막 그리스 시리아 왕국이 신생 로마 제국에 망하고(주전 31년) 그 이후 로마 군대에 의해서 예루살렘 성이 파괴되고 이스라엘 나라가 망할 때(서기 70년)까지 중근동과 이집트 지역에 있었던 여러 전쟁에 관한 예언이었다.

기간으로 보면 약 500여 년이라는 긴 기간이었고 전쟁의 종류도, 동서(페르시아와 그리스)양의 전쟁, 남북 그리스 왕국들의 전쟁, 그리고 서양은 물론 중근동 지역을 포함한 광대한 지역을 다스리던 그리스 왕국들을 차례로 정복하고 중세까지 이어졌던 신생 로마 제국의 초기 전쟁까지 다양했다. 큰 줄거리로만 본다면 당시 인류 역사는 남북(그리스와 페르시아) 대결에서 동서(그리스와 로마) 대결로 옮기는 첫 시작 과정이었다.

다니엘 자신은 물론 당시 사람들은 예언에 나타났던 나라들을 알지도 못했고 그들이 싸우던 여러 전쟁은 내용이나 결과에 관해서 어떤 관심도 가질 만한 이유가 없었다. 성경적으로 보면 하나님이 인도해가는 세상 나라였고 그가 세운 왕들이나 인물들이 어떤 이는 하나님을 대적하며 또 다른 이들은 순종하며 살아갈 세상 나라의 전쟁 얘기였다. 그러나 환상을 보았던 다니엘이 큰 관심을 가졌고 그의 마음을 극도로 불안하게 만들었던 전쟁은 팔레스타인 지역에서 벌어졌던 전쟁들 특히 그때까지 유례가 없던 큰 참화를 예루살렘 성과 성전에 끼쳤던 전쟁들이었다.

그의 조국 예루살렘 성과 성전의 파괴와 끔찍한 신성모독 사건이었다. 그것도 한 번이 아니고 시리아의 안티오쿠스 3세에 이어서 주전 169년 이후 시리아의 안티오쿠스 4세 에피파네스 왕과 그의 군대에 의해서 두 차례

그리고 서기 70년에는 로마 티투스 장군과 그의 군대에 의해서 연거푸 일어났던 사건들이다.

그럼에도 불구하고 다니엘에게 전쟁을 설명하던 가브리엘 천사는 그 이유나 전쟁의 참화 이후에 있어야 하는 이스라엘 민족의 구원에 대해서는 이상할 정도로 한 마디 대답도 하지 않고 다른 미래의 사건들을 설명하며 넘어갔던 것이다. 천사는 또 끔찍한 이들 사건에서 더 나아가 멀고 먼 훗날 있을 이 땅의 마지막 날에 있을 적그리스도(AntiChrist) 가 자행할 상상을 넘는 무서운 전쟁의 모습까지도 마지막 얘기(12장)의 본격적인 예언 이전에 이곳 열한 번째 얘기(11장)에서 예고했던 것이다.

후세학자들이 다니엘의 사후에 진행되었던 중근동 역사를 연구하고 그 가운데서 꼼꼼하게 찾아낸 여러 사건을 책의 예언과 대조해서 밝힌 것들 가운데 일부를 독자의 이해를 돕기 위해서 이곳에 옮겨 싣는다.(참조, 주로 《NIV 성경》 주석과 《Daniel》 by Bo Wagner)

1. 다니엘서 10장 2~4절, 고대 페르시아 왕국과 그리스 왕국간의 전쟁

페르시아 왕국의 세 왕은 캄비세스(Cambyses, 주전 530~522), 일명 스메르디스 혹은 고우마타(Smerdis or Gaumata, 주전 522) 그리고 다리우스(Darius, 주전 522~488)이고 넷째 왕은 크세르크세스(Xerxes, 주전 486~465) 왕으로 그는 주전 480년 육해군의 대군단을 이끌고 그리스 도시 국가를 침공했다.

> **할리우드 영화, 〈300 Rise of an Empire〉 (제국의 300명 용사)**

2007년에 이어 2014년에 개봉되었던 유명한 할리우드 고대전쟁 영화의 제목이다. 주전 480년, 페르시아의 크세르크세스(Xerxes) 왕이 이끄는 대 군단이 그리스 반도를 공격했던 역사적인 전쟁을 다루었던 영화로 대흥행을 기록했던 작품이었다. 영화는 주로 그리스 반도 남단에 상륙했던 페르시아 대군을 저지하기 위해서 소수의 스파르타 용사들이 테르모필레(Thermopylae) 협곡을 막고 생명을 내놓고 혈전을 벌인 끝에 전원이 용감하게 전사하는 얘기였다. 당시 스파르타와 아테네 등 그리스 도시 국가들은 수적 열세에도 불구하고 계속되는 페르시아의 해군과 육군의 공격을 다 물리쳤다. 특히 그리스 도시 국가 가운데 하나였던 스파르타 군인들의 숭고하고 용맹했던 모습이 매우 인상적이었다.

2. 5~20절, 알렉산더 대왕의 사후 남북 그리스 왕국들의 여러 전쟁

'한 능력 있는 왕'은 유럽은 물론 페르시아와 인도까지 공격해서 대 승리를 거두었던 알렉산더 대왕을 말하고, 주전 323년 그의 급작스런 사망과 그 이후 분열 남북 그리스 왕국이 터키 팔레스타인 지역을 놓고 치열한 전쟁을 계속했다. 북방 왕국은 시리아 터키 지역을 차지했던 일명 시리아 혹은 셀레우쿠스(seleukid) 왕국이라고 불리던 그리스 왕국이고 남방 왕국은 이집트와 팔레스타인 일부 지역을 점령하고 통치했던 이집트의 프톨레미 (Ptolemy) 왕국이었다. 두 왕국은 중간 지역에 있던 팔레스타인 유대 지역을 오가며 오래 전쟁을 했다. 예루살렘 성과 성전은 이런 전쟁의 틈바구니 속에서 계속 점령을 당했고 하나님을 거역하고 성전과 성도를 극도로 미워하던 시리아의 악한 왕들이 성전을 훼손하고 유대인을 무참하게 살해했다.

다음 설명은 그 구체적인 사건 설명의 일부이다.

- 6절의 '남방 왕의 딸'은 이집트 프톨레미 2세 필라델푸스 왕(Ptolemy 2 Philadelphus, 주전 285~246년)의 딸인 베레니스(Berenice)였고 북방 왕은 시리아의 안티오쿠스 2세 테오스 왕(Antiochus 2 Theos, 주전 261~246년) 이었다. 두 나라가 조약을 맺고 평화의 상징으로 베레니스를 북방 왕에게 결혼시키려고 했으나 북방 왕의 왕비가 이를 눈치채고 베레니스를 포함해서 테오스 왕까지 죽이고 자신이 권력을 잡았다. 남방 프톨레미 2세는 이 사건 직후 죽었다. 인간들이 벌이는 기막힌 계략과 음모였지만 실패했다.

- 7절의 '남방 왕국'은 다시 프톨레미 2세의 아들인 프톨레미 3세가 왕위에 올라 북방 시리아 왕국을 공격해서 왕과 왕비 라오디케(Laodice)를 죽이고 많은 금은을 약탈했다.

- 10절의 '그의 아들들'은 북방 시리아의 셀레우쿠스 2세의 아들인 셀레우쿠스 3세 세라우누스(Seleucus 3세 Ceraunus, 주전 226~223년)와 안티오쿠스 3세(Antiochus 3세 주전 223~187년)이다.

- 11절의 남방 왕은 이집트의 프톨레미 4세 필로파토르(Ptolemy 4세 Philopator)이다.

- 12절의 시리아의 안티오쿠스 3세 왕은 이 전투에서 패배했고 1만 명

의 보병이 전사했다.

- 14절의 남방 왕은 프톨레미 5세 에피파네스 왕(Ptolemy 5세 Epiphanes, 주전 203~181년)이고, "네 백성 중에서도 포악한 자"는 북방 왕에 가세했던 유태인들이 함께 남방 왕을 공격했으나 성공하지 못했다.

- 16절의 "오직 와서 치는 자"는 시리아의 안티오쿠스 3세 왕으로 그는 주전 197년부터 '영화로운 땅'인 예루살렘 성을 지배했다.

- 17절의 "그가 또 여자의 딸을 그에게 주어"는 시리아의 안티오쿠스 3세 왕이 그의 딸(Cledpatra)을 남방의 프톨레미 5세에게 주어 그를 망하게 하려고 시도했으나 성공하지 못했다.

- 18절의 "그 후에 그가 얼굴을 바닷가로 돌려"라는 말은 안티오쿠스 3세 왕이 터키 중근동 지중해 연안과 그리스 반도까지 정복하려고 했으나 당시 로마 총독(Lucius Cornelius Scripio Asiaticus)의 반격을 당해 패배했다(주전 190년) 로마 총독은 이때에 막대한 전쟁 배상금을 요구했다.

- 19절의 '그가'는 로마 군에 의해 패배를 당했던 안티오쿠스 3세 왕으로 그는 본국으로 돌아가 곧 죽었다.(주전 187년)

- 20절은 안티오쿠스 3세 왕의 사후 왕위에 올랐던 셀레우쿠스 4세 필로파터(Seleucus Philopater) 왕이 막대한 전쟁 배상금을 마련하기 위해

서 잔혹한 악행(성전 벽에 입힌 금을 착취)을 저질렀으나 곧 망한다는 예언이었다.

3. 21~30절, 북방 시리아 그리스 왕국의 안티오쿠스 4세 에피파네스(주전 175~164년)

- 21절의 '비천한 왕'은 시리아 그리스 왕국의 안티오쿠스 왕이 죽고 나서 왕위를 이었던 셀레우쿠스 4세 필로파토르(Seleucus 4 Philopator 주전 187~175년)가 죽은 후 왕위 계승권이 없었지만 계략을 써서 왕위에 올랐던 안티오쿠스 4세 에피파네스(주전 175~164년)로 그는 군대를 크게 일으켜 남방 이집트 왕국을 공격해서 점령하는 등 위세를 떨쳤다.

- 22절은 한국어 번역에는 "넘치는 물 같은 군대가 그에게 넘침으로 말미암아 패할 것이요 동맹한 왕도 그렇게 될 것이며"으로 기록했으나, 《NIV 성경》 번역은 "그때에 넘치는 물 같은 군대가 그 앞에서 패할 것이요 그와 동맹한 왕자도 그렇게 망할 것이며"(Then an overwhelming army will be swept away before him, both it and a prince of the covenant will be destroyed) 로 되어 있다. '동맹한 왕자'는 당시 예루살렘 성전의 오니아스 3세(Onias 3) 대제사장으로 주전 170년에 살해당했다. 시리아 왕은 그 뒤를 이어 다른 대제사장들을 그의 뜻대로 폐하고 또 세웠다.

- 28절의 "북방 왕은 많은 재물을 가지고 본국으로" "거룩한 언약을 거스르며"는 안티오쿠스 4세 에피파네스 왕은 남방의 많은 보화를 빼앗

아 본국으로 돌아갔다. 그 후에 그는 재차 남방의 이집트를 침공했으나 로마 장군이 이끄는 군단에 굴복해서 주춤하는 사이에 그의 통치 아래에 있던 예루살렘 성의 반란 소식을 들었다.

예루살렘 성은 유대인을 적대시하던 안티오쿠스 4세가 죽었다는 헛소문을 듣고 성 안에서 사람들이 일어나 시리아 주둔 군대를 공격하고 해방의 축제를 벌였으나, 이 소식을 듣고 분노한 안티오쿠스 4세와 군대는 더욱 잔인한 악행을 자행했던 것이다.

4. 31~35절, 성전 훼손과 유대인의 반격

• 31절의 "군대는 그의 편에 서서 성소 곧 견고한 곳을 더럽히며" 이스라엘 성전 제사장들의 반란 소식에 분노했던 안티오쿠스 4세 에피파네스 왕은 무자비하게 이스라엘 사람들을 학살했고 성전을 더럽혔다. 그는 성전에 우상을 세우고 더러운 짐승의 피를 성전에 뿌리는 등 크게 성전을 훼손했던 것이다. 그의 이런 악행은 하나님을 거역하고 그의 신성을 모독하는 더 큰 만행을 자행할 마지막 때에 나타날 '적그리스도'의 축소판 모형이었고 그는 바로 적그리스도의 전신으로 비유되었다.

• 32절의 "그가 또 언약을 배반하고 악행 하는 자를 속임수로 타락시킬 것이나"라는 말은 안티오쿠스 4세는 예루살렘 성전을 섬기던 제사장들을 속임수나 뇌물로 타락시켜서 성전을 훼손하게 했던 사실을 상

기시키는 말이며, "하나님을 아는 백성은 강하며 용맹을 떨치리라"는 안티오쿠스 4세의 점령과 폭거에 저항해서 주전 171년 예루살렘 성에서 서북쪽으로 17마일 떨어진 모딘(Modin)이라는 작은 마을에서 시작한 맛디아(Mattathias) 제사장과 그의 아들 마카비 형제들의 용감했던 저항 운동(Maccabean revolt)을 말한다.

- 33절의 "백성 중에 지혜로운 자들이" 안티오쿠스 4세의 강점과 박해에 항거했던 유대인 지하 저항 운동의 지도자들을 말하며 이들을 '하시딤'(Hasidim)파라고 후에 불렀다. "그들이 칼날과 불꽃과 사로잡힘과 약탈을 당하여"는 이들 저항세력(하나님의 백성)이 당할 핍박과 약탈을 의미한다.

- 34절의 "그들이 몰락할 때 조금 도움을 받을 것이나" 유대 지도자들이 몰락할 때에 맛디아(Matthias) 제사장과 그의 아들 마카비 형제(Judas Maccabeus)가 일으킨 군사 반격을 말한다. "속임수로 그들과 결탁할 것" 많은 사람들이 안티오쿠스 4세의 속임수에 빠져서 그들과 결탁할 것을 예언했다.

- 35절의 '마지막 때'(Time of the end)는 두 가지 뜻이다. 하나는 안티오쿠스 4세의 박해 때 얼마의 유대인들이 정한 기한을 기다리며 견디었다는 의미로, 다른 것은 이 땅에 임할 마지막 때라는 뜻으로 핍박 받는 성도들 중에서 얼마의 사람들이 몰락했지만 연단을 받아 정결하게 되며 예수 그리스도를 믿고 그의 보혈에 의지하여 죄 사함을 받고 마지막

때까지 이르게 될 것이라고 전했다.

5. 36~45절, 마지막 때에 나타날 적그리스도(Antichrist)

36절에서 45절까지 11장의 마지막 얘기는 잔인했던 시리아의 왕 안티오쿠스 4세 에피파네스의 성전 악행과 그의 종말을 전하는 뜻도 있지만, 사실은 12장의 세상 나라가 끝나는 마지막 때(Time of the end)에 있을 적그리스도의 악행과 패악한 모습을 미리 전하는 글이었다.

• 36절의 "그 왕은 자기 마음대로 행하며"에서, 그 왕은 안티오쿠스 4세 왕이라기보다는 적그리스도의 모습을 표현한 글이다. 37절의 "그가 모든 것보다 크다 하고"에서 '그'는 역시 적그리스도이며 그는 모든 것보다 위대하다고 주장하고 패악한 동성애 등 난잡한 남녀 관계에 빠진 자들을 지도자로 공공연히 인정하고, 38절의 "그 대신 강한 신을"에서 적그리스도는 누구든지 힘 있는 자, 세력이 큰 신을 따르며, 39절의 "그는 이방 신을 힘입어" 적그리스도는 마귀 사탄의 힘을 의지하고 세상 나라들을 점령하고 뇌물을 받고 땅을 나눠주며, 40절의 "마지막 때에 남방 왕이" 마지막 때에 적그리스도는 그들끼리 스스로 내부 전쟁을 크게 벌린다는 뜻, 41절의 "에돔과 모압과 암몬 자손의 지도자들"은 예루살렘 성과 유대인을 싫어했던 인접 에돔 등 세 나라와 좋은 관계를 가졌던 안티오쿠스 4세 왕. 44절의 "그러나 동북에서 소문이 이르러"는 동북은 이란과 러시아를 말하고, 45절의 "그가 장막 궁전을 바다와 영화롭고 거룩한 산 사이에"는 후일 마지

막 때 적그리스도가 그의 장막 궁전을 지중해와 사해 사이에 있는 거룩한 시온 산 사이에 세우고 사탄의 세력과 함께 지상 왕국을 완성하려고 할 때 하나님의 심판이 오고 그들은 모두 흔적도 없이 망할 것이라는 예언을 전했다.

예언의 성취와 그 의미

지금까지 많은 역사학자들이 〈다니엘서〉 10장과 11장의 예언을 토대로 다니엘의 시대가 지난 후에 전개되었던 고대 중근동과 서양 역사를 자세히 분석해서 예언의 구체적인 내용이 어떻게 성취되었나를 설명하고 확인했다. 학자들이 서로 조금씩 다른 의견이 있지만 크게 보면 다니엘이 5백 년 전에 예언했던 사건은 역사적으로 고대 페르시아, 그리고 알렉산더 대왕의 정복과 그의 사후 분열되었던 그리스 분열 왕국들의 역사에서 다 증명이 되었다. 특히 11장 얘기는 북방 나라로 시리아라고 부르는 그리스 셀레우쿠스(Seleucus) 왕국과 이집트를 근거로 프톨레미(Ptolemy) 왕국이라고 부르던 남쪽 그리스 왕국의 역사 속에서 예언의 성취를 어렵지 않게 다 찾아 냈던 것이다.

그렇다면 그의 예언은 오늘 우리에게 무슨 의미가 있을까? 당시 다니엘의 시대 혹은 그 이후 사람들도 다니엘의 글을 읽었을 것이지만 미래의 일들, 특히 몇백 년이 지나서 일어날 그리스 시리아 왕조나 이집트의 프톨레미 왕조가 자신들과 나라에 무슨 연관성이 있는 지 그들은 알 길이 없었다.

또 2천5백 년이 지나서 현대를 살고 있는 우리도 고대 페르시아 왕국의 역사나 그 이후 일어난 그리스 남북 왕조들의 얘기는 세계 역사의 일부라는 사실 이상의 의미는 없다.

그러나 성경 속에서 그가 전했던 메시지는 분명했다. 그것은 다니엘이 전했던 예언의 역사성이고 성경 말씀의 정확성이다. 또 적그리스도의 변화무쌍한 모습을 전했던 것이다. 당시 역사에서 하나님을 대적했던 안티오쿠스 4세 왕은 후일 나타날 적그리스도의 전신이었다. 적그리스도는 오늘과 같은 복잡한 세계에서는 더욱 수많은 얼굴로 변장하고 우리에게 나타난다는 것을 경고했다. 다니엘을 통해서 하나님은 그것을 경고하고 교회가 한마음으로 힘을 합쳐 적그리스도를 구별하고 대항해야 한다는 사실이다. 우리가 당면한 문제는 교회와 성도들의 분열이고 둘이 다 선한 양의 모습을 한 적그리스도의 함정에 빠져들고 있다는 사실이다.(37~41절)

다니엘과 세상 나라

열한 번째 예언은 〈다니엘서〉의 결론과 같은 '메시지'가 역사적 사실 속에 숨겨져 있다. 첫째는 하나님의 사람은 그에게 맡겨진 일을 환경에 관계없이 찾아서 충실하게 행하는 사람이다. 다니엘은 바벨론 왕국이라는 이방 나라의 중신으로 느브갓네살 왕을 충실하게 도왔다. 그가 비록 이스라엘 나라를 멸망시키고 그 백성을 포로로 잡아갔던 적국 왕이지만 다니엘은 하나님의 특별한 계시까지 얻어서 그가 제국을 올바르게 이끌도록 최선을 다했다. 그의 섬김이 자발적이냐 또는 강제였느냐는 그에게는 큰 문제가 되지 않았다. 그는 어느 곳에 있든지 그에게 맡겨진 일에 하나님의 뜻을 찾아내서 최선을 다했던 것이다.

느브갓네살 왕이 죽고 나서 새로운 왕국이 들어섰을 때도 그의 자세는 조금치도 흐트러지지 않았던 사실이 오늘 다니엘서 11장 1절 말씀에서 나타났다. "내가 또 메대 사람 다리오 왕 원년(B.C.539)에 일어나 그를 도와서 그를 강하게 한 일이 있었느니라"는 고백은 그의 나이가 80세가 넘을 때 기록했던 말이었다.(포로로 잡혀왔던 605년 이후 65년 정도가 지나서의 사건) 그는 그때도 다리오 왕을 도와서 그를 강하게 만든 일을 했다는 말은 왕궁의 고위 관리로 충실하게 왕을 보필했다는 말이다. 그는 그가 살고 있는 나라의 안정과 발전은 하나님의 뜻이라고 이해했다. 또 그는 왕국의 내부 정치보다는 국제적 감각이 누구 보다 뛰어났던 사람이다. 그것은 순수한 신앙과 시대를 보는 명철이 없이는 불가능한 일이었다. 이는 유대인이든 아니든 이 땅에 사는 모든 이방인(디아스포라)들의 성공적인 삶의 기초라는 평범한 결론이다.

둘째는, 11장 3, 12, 14, 16, 28, 36, 37절에서 연거푸 등장하는 단어가 있다. '자기 마음대로 행하다, 스스로 높이다'라는 말이다. 세상 권세의 특징을 한 구절로 표현했던 다니엘의 경고였다. 누구든지 권세를 잡으면 그리고 제국의 왕권을 잡으면 나타나는 인간의 본성을 나타낸 것이다. 하늘 아래 살면서 능력이 있다고, 부유하다고 그리고 권력이 있다고 하나님의 뜻을 구하지도 않고 오히려 무시하고 반대하면서 '자기의 마음대로' 하려는 교만한 인간성을 말한다. 하나님 나라와 그 뜻을 구하는 것과 반대의 입장이다. 그러나 다니엘은 왕궁의 고위 관리로 왕을 보필할 때 세상 권세 대신에 하나님의 경륜과 주관을 먼저 인정하도록 제왕들을 지도하고 하나님의 뜻을 따르도록 설득했던 사람이다. 그는 제왕들이 스스로 인간의 마음대로 행하면 반드시 멸망이 따를 뿐이라는 역사의 교훈을 전했고 그것을 하나님의 메시지로 선포했던 사람이다.

사실 모든 인류 역사는 '자기 마음대로 행하는 자' 곧 적그리스도와 '창조주 하나님을 인정하는 자'와 '잘 모르겠다는 다수의 군중'이 빚는 여러 갈등을 나타내는 총 천연색 영화일 뿐이다. 역사가 아무리 오래되고 복잡해도 그 근저에는 이런 세 종류의 세력이 벌이는 갈등과 다툼과 포기의 얘기이고 시간이 지나면서 하나님을 따르는 세력은 핍박을 받고 '인간의 세력'이 '정한 때'까지 커질 뿐이라는 진실을 다니엘은 후세에 전했던 것이다.

환상과 꿈의 특징

열한 번째 얘기(11장)에 나타났던 예언들 가운데 일부는 아직도 구체적인 실현을 기다리고 있다. 다니엘의 시대부터 2천5백 년이나 지난 지금 사건의 구체적 징조나 표적이 강하게 나타나고 있지만 미결로 남아 있는 예언이 있다는 말이다. 이 부분은 '12장'에서 다시 주제로 등장했고 11장보다 더 명확하게 '미완의 제목'으로 설명되었다. 다행이 예수 그리스도가 사랑했던 제자 요한이 먼 훗날 환상 속에서 더 구체적인 그날의 모습을 보았고 그것을 마지막 성경인 〈요한계시록〉에 기록해서 세상에 전했다. 요한은 그때에 로마 제국 황제의 명령으로 그리스 밧모 섬(Isle of Patmos)에 영구 유배

되어 외로운 돌섬에서 유배 생활을 하다가 환상을 보았고, 그것을 〈요한계시록〉에 구체적으로 기술해서 세상에 널리 전했던 것이다. 계시(to reveal)라는 말은 세상에 널리 알린다는 뜻이다. 그런 의미에서 천사가 열두 번째 얘기(12장)에서 두 번씩이나 다니엘의 예언을 마지막 때까지 간수하고 봉함(to seal)하라고 명했던 것과는 대조적이다.

선지자들이 보고 예언으로 전했던 환상이나 꿈에는 정확한 시간이 나타나는 경우가 많지 않다. 또한 장소도 특별한 곳이 아니면 나타나지 않는 경우가 흔하다. 특히 〈다니엘서〉의 10, 11, 12장에 나타나는 '마지막 때'를 설명하는 부분에서 시간이라는 개념이 온통 사라진 듯 전혀 시간이 언급되지 않고 여러 역사적인 사건을 기록하면서 마지막에 '그때'가 올 것을 전하고 있다. 장소도 모두 상징적인 의미를 가진 옛 지명을 사용해서 오늘날 전혀 짐작할 수도 없게 만들었다. 이런 점에서 보면, 예언서의 해석이 어렵기 때문에 억지로 설명하다가 많은 이단들이 생겼고 또 강단에 서는 설교자가 가능하면 회피하는 경우가 일상이 되었다.

역사는 가혹했다

다니엘은 그가 떠났던 고국 이스라엘 나라를 기억했고 그 땅의 회복을 기도했다. 그러나 그가 보았던 환상 가운데 여러 역사적인 사건들과 그 마지막에는 먼 훗날 있을 대환란의 모습까지 보았지만 정작 그가 원했던 아름다운 예루살렘 성의 회복이나 그의 민족 이스라엘 나라의 밝고 건설적인 모습은 없었다. 오히려 그 반대였다.

이스라엘 민족은 하나님이 택했던 선민이었다. 예루살렘 성은 그 하나님의 성소가 있던 아름다운 도성이었다. 이스라엘 민족이 이루었던 나라는 하나님이 다윗을 택해서 왕으로 높이고 그의 후손들이 대대로 왕으로 다스리기를 원했던 나라였다. 성소에는 하나님이 특별히 구별해서 세웠던 많은 제사장들과 대제사장들이 거룩한 옷을 입고 성전의 모든 일을 수행했다. 다니엘이 미래에 본 이상들 가운데 이런 이스라엘 나라와 하나님의 백성 그리고 거룩한 성소의 회복 모습은 없었다. 그러다가 주전 165년경 유대 마카비 형제에 의해서 성전은 잠시 회복되었고 이스라엘은 로마의 통치 밑에서 단기간 자립을 유지했지만 또 로마 군에 의해서 주후 70년 예루살렘 성과 성전은 완전히 파괴되었고 이스라엘 민족은 사방으로 흩어져 세계를 떠도는 민족으로 전락하는 모습까지 이상 가운데 보았다. 다니엘은 티그리스 강가에 나가 검푸른 강물을 보면서 걷기도 했고 또 다른 곳을 찾으며 그 이유를 기도 가운데 묻고 또 물었다. 그의 믿음 속에 있는 하나님은 그렇게 자신의 백성을 버릴 전능자가 아니었다. 그는 도저히 믿어지질 않는 사건들을 환상 중에 보고 가슴이 무너졌다.

안티오쿠스 4세 에피파네스 왕,
주전 215~164년, 제위 175~164년(Anthiocus 4 Epiphanes)

그리스 말을 쓰던 셀레우쿠스 왕조(Seleucid)의 후손으로 계략을 써서 왕위를 획득하고 주전 170년과 168년, 2차례나 이집트 프톨레미 왕국을 공격해서 약탈을 자행했던 왕이다. 그는 또 주전 168년에는 예루살렘 성을 공격해서 3년간 성을 점령했고 성전을 크게 훼손했던 왕으로 유명하다. 그러나 그가 원정으로 장기간 수도를 비운 동안 이란의 미드리다테스(Mithridates) 왕이 그리스 왕국의 동부 지역을 공격했다. 그는 일부 병력을 예루살렘 성에 남겨둔 채 북상해서 이란 군을 대파했으나 164년 12월 곧 원인 모를 질병으로 사망하고 말았다. 그 사이 예루살렘 성을 탈환하기 위해서 일어났던 마카비 형제의 군대는 예루살렘 성을 공격해서 성공했고 독자적인 이스라엘 나라를 세우고 주후 70년까지 약 200년 동안 로마 제국 아래에서 독립 국가를 유지했다.

티투스 베스파니아누스 장군, 주후 39~81년(Titus Vespasianus)

아버지 베스파시안 황제의 뒤를 이어 79년 로마의 황제로 등극해서 2년 동안 군림했던 로마의 장군이다. 그는 예루살렘 성을 공격하기 위해서 2개 군단 6만 명 이상의 로마 정에 군대를 대거 동원했고 치열한 전투 끝에 성을 함락시키고 성전을 깡그리 파괴했다. 그는 성을 완전히 파괴했고 전투 중에 1만 명 이상의 유대인을 살해하고 많은 유대인을 포로로 로마까지 전리품으로 끌어갔던 잔인했던 장군이었다. 그러나 그의 아버지가 죽고 나서 황제의 위를 차지했으나 2년도 못 되어 원인 모를 병으로 사망하고 말았다. 유대인들은 그가 성전을 파괴했던 죄 값으로 코에 모기가 들어가 뇌병을 일으켜 일찍 죽었다고 후세에 전했다.

마카비 항쟁(Maccabean Revolt), 주후 167~160년

셀류키스 그리스 왕조의 안티오쿠스 4세의 예루살렘 성 점령과 이후 일어났던 유대인 학살과 성전 훼손에 대항해서 게릴라식 무력 도전을 감행하며 일어났던 마카비 형제의 항전을 말한다. 이들 마카비 전사들은 드디어 164년 예루살렘 성을 그리스 왕국 군사를 물리치고 탈환했다. 그들은 우상과 오물로 더럽혀졌던 성전을 다시 깨끗하게 청소했고 그리스 왕국이 금했던 성전 제사를 회복했다. 무력 도발을 주도했던 마카비가 죽고 그의 형제 시몬 타시(Simon Thassi)는 주전 140년 로마 제국의 도움으로 하시모니안 왕조(Hasimonian Dynasty)를 세우고 주후 70년 로마의 티투스 장군에 의해서 망할 때까지 왕조를 이어갔다. 이들 왕조에서 성전을 중심으로 한 사두개인(Sadducees)파와 민간에서 성전 연구에 몰두했던 바리세(Pharisees)파 등 이스라엘 민족의 지도층에 여러 분파가 생겨났다.

3장

마지막 메시지

열두 번째 이야기
마지막을 기다리라!

마지막을 기다리라!

다니엘은 그때에 하나님의 백성을 환란에서 구해줄 천사장 미카엘이 천 군천사와 함께 지상에 임하는 장엄한 광경을 보았다. 지상에 대전쟁이 일 어난 것이다. 하늘나라에서 지상으로 쫓겨난 마귀와 사탄의 무리가 세상 나라와 권세 있는 자들을 달콤한 말과 상급을 미끼로 자신들의 편으로 모 아서 지상에서 하나님을 따르는 모든 민족과 나라를 멸망시키고 자신들의 영원한 왕국을 만들기 위해서 마지막 대전쟁을 일으켰다. 나라와 나라가 서로 싸웠고 나라 안에서 권세 있는 자들이 일어나 하나님을 따르는 사람 들과 그 모임을 공격해서 많은 사람들을 무더기로 살해하고 하나님께 드리 는 예배를 중지했고 교회의 모임도 금지하는 지금까지 없었던 환란의 모습 을 보았다. 그대로 시간이 조금만 지나면 성도들의 권세와 저항 의지가 완 전히 깨어질 것이 분명한 때에 하나님과 예수 그리스도를 상징하는 큰 천 사 미카엘이 하늘 군사를 이끌고 위세를 떨치며 이 땅으로 내려왔다.

다니엘은 마귀 사탄의 세력이 하늘 군사 앞에서 지푸라기같이 넘어지고 새로운 세상이 이 땅에 나타나는 신비한 광경을 보았다. 사망의 음침한 골짜기를 헤매던 자들 가운데 생명책에 기록된 자들이 모두 구원을 받고 또 지금까지 죽은 자들이 모두 살아나는 놀라운 부활의 광경과 그들이 심판을 받고 어떤 이는 영생을 또 다른 이들은 수치를 당하는 모습이 나타났다.

하늘에서 환란의 기간을 알리는 천사의 소리가 들렸다. 끔찍한 환란이 조금이라도 더 계속된다면 이 땅에 살아 있을 하나님 나라의 백성은 하나도 남지 않을 대환란이었다. 천사가 또 그에게 천사의 말을 고이 간직하고 공개하지 말 것을 부탁하면서 "많은 사람이 빨리 왕래하며 지식이 더 많아질 것"이라고 마지막 때의 대표적 현상을 알려주었다. 다니엘이 천사의 말을 다 이해할 수가 없어서 다시 그에게 이 모든 일의 결국을 물었다.

뜻밖에 천사는 다니엘에게 지금은 세상으로 돌아가 인생의 종말을 기다리며 편히 쉬고 세상 끝에 가서는 하늘나라에 준비된 상급을 누리라는 위로와 약속의 말을 전했다.

인간은 걱정을 하다가 자신의 죽음이 그보다 훨씬 먼저 찾아온다는 사실을 전혀 잊고 사는 경우가 많다. 다니엘도 자신의 나이를 잊고 하나님 나라의 승리를 더 확인하고 싶었던 것이지만 그에게 허락된 예언의 말씀은 거기까지라는 대답이었다.

12장 예언에 나타난 사건 설명

1. 미카엘 군주(Michael, The great prince)의 등장

미카엘 천사는 하나님을 섬기는 모든 천군천사들의 우두머리 천사이다. 그는 하나님이 선택했던 그의 백성을 환란 가운데 지키고 호위하는 천사이다. 그가 사탄(Satan)이 이끄는 마지막 대전쟁과 환란에서 하나님의 백성을 보호하기 위해서 하늘에서 강림했던 것이다. 사탄은 원래 미카엘 천사와 함께 하나님을 섬겼으나 하나님을 대적하며 거역했던 이유로 하늘나라에서 지상으로 쫓겨난 루시퍼(Lucifer)라는 옛 천사이며 요한 사도가 5백 년 후에 기록했던 〈요한계시록〉 12장 7절 이하에 상세한 설명이 적혀 있다.

미카엘 천사는 인자로 묘사된 하나님의 아들 예수 그리스도가 천군천사들의 옹위를 받으며 이 땅에 다시 올 그때 앞장을 설 천사이다. 다니엘은 '마지막 때'의 참혹한 모습을 환상 가운데 보았다. 사탄이 이끄는 어둠의 세력이 이 땅에 사는 빛의 성도들을 멸망시키고 자신들의 나라를 세우려고 마지막 전쟁을 일으켰고 지상의 성도들이 당하는 '대환난'은 역사상 유례가 없던 가장 잔인하고 파괴적이었다. 그때에 우리 구주 예수 그리스도가 구름을 타고 강림했고 그 선봉에 선 미카엘 천사가 다니엘의 목전에 모습을 나타낸 것이다. 사탄의 세력은 멸망으로 떨어졌고 성도들의 구원이 시작되고 하나님의 생명책에 기록된 모든 사람은 구원을 받는 신나는 광경이 벌어진 것이다.

인간은 죽고 나면 모든 것이 살아지는 것이 아니라 그들의 생애는 하나님의 책에 낱낱이 다 수록되어 마지막 심판 때까지 보관이 된다는 것이다.

이들 기록 가운데 '생명의 책'은 마지막 부활 때 하나님 나라로 갈 모든 사람들의 이름을 기록한 책이다.

2. 부활과 심판 (2절)

다니엘이 지상의 대전쟁이 끝나고 있을 '새로운 시대'의 놀라운 모습을 보았다. 그때까지 지상에 살았던 모든 자들, 그들의 육신은 이미 죽어서 흙으로 돌아갔지만 예수 그리스도가 사탄의 세력을 멸하고 강림할 때 모두 죽음에서 살아나는 부활과 그 이후 심판을 받는 장면을 보았던 것이다. '새로운 세상'의 첫 모습이었다. 당시 이스라엘 사람들은 '죽은 자의 부활'이나 '영생과 지옥'과 같은 부활 후의 심판이라는 개념이 없었고 많은 사람들이 믿지도 않았다.

다니엘은 이미 구세주의 첫 출현을 예언했고 이번에는 심판주로 오실 두 번 째 출현과 그의 역할을 설명했다. 구세주가 두 번째로 올 마지막 때에는 그가 사탄의 무리를 멸하고 아름답고 평화로운 '새로운 세상'을 열 것이라는 신나는 예언을 전했다. 그는 아무도 상상할 수 없던 이 세상 끝 날에 있을 놀라운 변화를 보았던 것이다.

사람은 죽음을 피할 수 없고 죽으면 땅 속에 묻혀 흙(티끌)으로 돌아가고, 흔히 그것이 끝이라고 생각한다. 반면 하나님을 믿는 사람들은 그것이 끝이 아니고 다른 생이 있을 것이라고 믿는다. 어떤 사람들은 이것도 저것도 확실치 않으니까 생각할 필요가 없다고 체념을 하며 살기도 한다. 다니엘이 본 환상은 사람은 죽고 티끌에서 잠자다가 다시 살아나서 예수 그리스도의 심판대에 설 것이고 믿는 자는 영생의 나라로 그리고 불신자는 지옥이라는 영원한 치욕을 받을 것이라는 마지막 심판을 확실하게 전했던 것이다. 참고로 신약 시대를 시작하며 사도 요한이 전했던 여러 성경 말씀은 이곳에 나타난 다니엘의 예언을 자세하게 보완하고 있다.(참조, 요 5장24~29, 계 20장 12절, 21장: 3절~8절)

3. 지혜로운 자의 축복과 의로운 자의 영광 (3절)

다니엘은 마지막 대환난은 물론 앞으로 극심한 환란을 당할 믿음의 사람들에게 전하는 위대한 하나님의 약속을 이곳에 기록했다.

- 지혜 있는 자는 푸른 하늘의 빛과 같이 빛날 것이요 많은 사람을 옳은
  데로 인도한 사람은 별들과 같이 영원토록 빛나리라.

지혜 있는 자는 진리와 거짓을 분간하는 사람이며 창조주 하나님의 존재를 깨닫고 그를 경외하고 그에게 복종하는 사람이다. 악한 자는 그것을 깨닫지 못하거나 알고도 세상이 좋아서 하나님 나라를 무시하는 사람으로 그들은 심판을 당하고 큰 수치를 받을 것이다.

11장의 환상 가운데 다니엘이 거듭 보았던 예루살렘 성과 성전의 소멸은 그의 마음을 오래 아프게 했지만 그것 역시 하나님의 뜻 가운데 일어났던 사건이다. 성전 제사와 율법의 준수는 이스라엘 민족을 단련하고 유대 왕국을 세우기 위해서 필요했던 역사적 생존 조건은 되었지만 이스라엘 민족의 구원을 이루는 보편적 조건은 될 수가 없었다. 하나님이 그 아들 예수 그리스도를 이 땅에 보낸 것은 사람들이 그가 전파했던 복음을 듣고 그리

고 믿고 사망에서 구원을 얻게 하기 위해서였다. 천사는 다니엘에게 하나
님의 뜻에 따라 세상 나라와 민족의 많은 사람들을 옳은 데로 인도한 주의
종들이 받을 영광을 밤하늘에 빛나는 별로 비유했다.

4. 마지막 때까지 이 말을 간수하고(Close up) 이 글을 봉함하라(Seal) 많은 사람이 빨리 왕래하며 지식이 더하리라. (4절)

천사는 다니엘에게 그가 받은 예언의 말씀을 마지막 때까지 잘 간수하
고 예언의 글을 봉함하라고 명했다. 신약 시대에 요한 사도가 기록했던 〈요

한계시록〉(Revelation)의 예언은 하나님이 당시는 물론 후세 사람들에게 즉시 알리고 경고하고 준비하며 살기를 원해서 요한에게 계시했던(reveal) 글이다. 둘 다 세상의 마지막 때에 관한 예언이 주제이지만 신약 시대 이전에는 아무도 이것을 온전히 이해하지 못했고 오직 하나님의 아들 예수 그리스도가 세상의 종말이 반드시 있을 것을 전한 후부터 사람들이 〈다니엘서〉를 바로 이해하기 시작했다.

천사는 또 '마지막 때'의 특징을 사람들이 빠르게 오가고 지식이 엄청나게 증가할 것이라는 두 가지 특징으로 꼭 집어 전했다. 우주여행이나 해저 생활 그리고 지식의 무진장한 저장과 이용이 가능해진 현대 세계의 특징적인 모습과 일치하는 말이다.

문명의 이기들이 속속 개발되면서 사람의 움직임은 날이 갈수록 빨라지고 그 범위도 지구촌을 훌쩍 뛰어넘어 태양계 밖의 우주를 여행하는 때가 온 것이다. 지식도 그 축적이 무한대로 커졌다. 지금은 지식을 컴퓨터라는 인공 창고에 무진장의 데이터를 보관하고 그것을 자유자재로 활용할 수 있게 되면서 사람들은 생명의 신비를 찾아내고 스스로 생명체를 창조하고 우주를 정복할 수 있는 능력도 가능한 때가 되었다. 인간이 드디어 신과 같은 존재로 변해서, 다니엘서의 11장 36~39절까지의 내용과 같이 "스스로 높여 크다 하고 신들의 신을 대적하며 그리고도 형통하고, 오직 강한 자를 존중하고 사람이 알지도 못하는 이방 신(공상의 강자)을 앞세워 세상을 통치하는 시대"가 온 것이다. '마지막 때'가 이미 시작한 것이 틀림없다.

하나님은 '마지막 때'의 특징을 2천5백 년 전에 다니엘을 통해서 12장 4절 말씀과 같이 쉬운 말로 세상에 경고한 것이다.

5. 한 때 두 때 반 때를 지나서 성도의 권세가 다 깨지기까지(7절)

다니엘은 천사의 얘기를 들었지만 사실은 이해하지 못하는 부분이 많았다. 그렇기 때문에 그의 관심은 오직 하나님의 백성들이 살해당하는 극심한 환란과 망국에 있었고 끔찍한 환난이 어느 때까지 갈 것인지에 있었다. 다니엘은 그때 세마포 옷을 입은 사람이 전하는 "한 때 두 때 반 때를 지나서 성도의 권세가 다 깨지기까지"라는 소리를 들었다. 학자들은 이를 3년 반으로 해석했다. 시간이 이 보다 더 지나면 이 땅의 성도들은 한 사람도 살아남지 못할 극단적인 환란이었고 그때에 미카엘 천사가 나타나 하나님의 구원 역사를 행하게 했던 것이다.(참조 마 24:22절)

6. 다니엘아! 갈지어다(9절)

천사는 다니엘의 질문에 대답을 미룬 채 그에게 다시 현실 세계로 돌아갈 것을 명했다. 천사는 지금은 아쉽지만 세상사를 끝낼 때임을 그에게 상기시켰다.

7. 오직 지혜 있는 자는 깨달으리라(10절)

사람들은 어떤 때는 세상 재미에 취해서 또 다른 때는 너무 힘들어서 때를 전혀 구별하지 못한다. 마지막 때의 큰 환란 때도 많은 사람들이 연단을 통해서 스스로 정결하게 되어 구원을 기다릴 것이나 어리석은 사람들은 깨닫지 못하고 계속 세상에 빠져 살 것이다. 요한 사도 역시 그가 기록한 계시록 22장 11절과 14절에서 마지막 때를 사는 지혜로운 사람들과 악한 사람들의 모습을 선명하게 전하고 있다.

8. 매일 드리는 제사를 폐하며 멸망하게 할 가증한 것을 세울 때부터
(11절)

사람들이 모여 함께 하나님께 예배를 드리는 곳은 믿는 성도들에게는 필수적이고 중요한 모임이다. 마지막 때가 이르면 힘 있는 자들, 적그리스도들이 어떤 구실이라도 만들어서 예배를 금하며 예배를 위한 정결한 교회 안에 멸망하게 하는 가증한 것을 세울 것이라고 전했다.

'멸망에 이르는 가증한 것'은 교회가 믿는 상인들의 소굴이 되고 강단에 남녀 동성애자들이 목사로 공개적으로 말씀을 전하고 건물 안에 음란한 글과 책 그리고 영화 사진들이 아무렇지도 않게 전시되고 권력자들의 선전물이 오가고 거룩한 직분을 금전으로 거래하는 일들이 벌어질 것을 말한다. 권세 있는 자들은 재물과 명예로 교회의 거룩한 직분자들을 매수해서 자신들의 뜻대로 정권과 권세의 후견인으로 사용하고, 교회 지도자들은 다투어 큰 건물을 짓고 그 내부를 천국과 같이 편하고 안락하게 만들어 성도들의 영혼을 잠들게 할 것이다. 이런 모습은 먼 나라의 얘기가 아니고 바로 우리가 지금 살고 있는 곳의 일부 모습이다. 그것도 잘 나가는 교회의 모습이 되고 있다.

많은 사람들은 오늘 우리가 세례 요한이 외쳤던 것 같이 회개하지 않으면 천사가 전한 예언과 같이 마지막 때의 큰 환란을 피하기 어렵다고 믿는다. 앞에서 본 4절 말씀과 함께 11절의 말씀은 우리가 지금 살고 있는 시대가 천사가 다니엘에게 지금까지 거듭 설명한 '마지막 때'인 것을 보여주고 있다. 이미 '마지막 때'는 시작했고 〈요한계시록〉 20장에 기록한 '천년왕국'이 끝나고 나면, 사탄과 적그리스도의 무리들이 풀려나 마지막 대전쟁을 일으킬 것이다. 이때가 바로 3년 반 동안 계속할 끔찍한 '대환란'의 기간이 될 것이다.

'천년왕국'이 시작할 때에 적그리스도에 의해서 순교를 당해서 티끌로 돌아갔던 죽은 자의 부활이 일어날 것이고 그들이 천 년 동안 예수 그리스도와 함께 보좌에 앉아 심판하는 권세를 받을 것이다. '천년왕국'이 끝나면 3년 반 동안의 마지막 대환란이 시작할 것이다. 그리스도가 마귀 사탄과 적그리스도의 무리를 멸하고 재림할 때는 끝까지 견디며 환란 기간 동안 깨끗하게 된 자들의 휴거(Rapture)가 있고 또 모든 죽은 자들의 부활과 심판이 있을 것이라고 학자들은 다니엘서의 예언과 요한 사도의 〈요한계시록〉을 연결해서 마지막 때를 설명하고 있다.

9. 천이백구십(1,290)일을 지낼 것이요, 기다려서 천삼백삼십오(1,335)일까지 이르는 그 사람은 복이 있으리라(11~12절)

3년 반이라는 시간은 날수로 1,260일이다. 1,290일은 그때부터 30일이 추가된 날수이고 1,335일은 75일이 추가된 날수이다.(고대 이스라엘 민족은 1년을 360일로 계산함) 이 숫자의 의미를 두고 학자들의 이견이 있지만, 온갖 만행과 핍박 그리고 살육이 감행되는 대환란의 시기가 1,260일이다. 그때에 예수 그리스도가 천군천사와 함께 강림해서 사탄과 세상 권세를 진멸할 것이고 그 이후 부활과 심판 등 여러 사건들이 일어날 것이다. 그 기간을 감안해서 3년 반에서 30일이나 75일을 각각 더 참고 견디고 나온 자들은 복이 있다고 해석했다.

10. 너는 가서 마지막을 기다리라. 이는 네가 평안히 쉬다가 끝 날에는 네 몫을 누릴 것임이라(13절)

고대 중근동의 열국들이 벌린 끝없는 전쟁과 세상 마지막 때에 있을 미증유의 대환란 모습까지 보여주면서 설명을 더했던 천사가 신실한 하나님의 종 다니엘에게 근심과 고통의 마음을 버리고 계속해서 죽는 날까지 잘 살라는 위로의 말씀을 전했다. 그는 다니엘이 부활해서 누릴 큰 상급을 전하며 마지막 인사를 했던 것이다.

천사가 전했던 인사는 또한 주님이 모든 성도들에게 전하는 위대한 약속이었다. 우리 모두는 13절을 읽으며 영원한 주인이 험악한 세상을 살며 충성을 다한 종들의 등을 토닥거리며 칭찬하는 아름다운 모습을 보는 듯하다.(《NIV 성경》의 번역. As for you, go your way till the end. You will rest, and then at the end of the days you will rise to receive your allotted inheritance.)

다니엘의 시대와 페르시아 왕국 시대가 지나고 오랜 세월이 흘렀다. 이스라엘 민족은 중 근동 지역의 패권을 두고 벌렸던 시리아 왕국과 이집트 왕국 사이에 일어났던 전쟁과 갈등의 역사 속에 휘말렸다. 그 이후 신흥 로마 제국이 이들 왕국을 정복했고 다니엘의 모든 예언은 그대로 적중했다. 또 예수 그리스도가 이 땅에 와서 구속 사역을 마치고 승천한 후에 그의 제자였던 사도 요한이 기록했던 〈요한계시록〉에서 〈다니엘서〉의 구체적인 속편이 들어났다.

특히 〈다니엘서〉에서 봉함했던 '마지막 때'에 관한 상세한 예언은 〈요한계시록〉에서 드디어 실체가 나타났던 것이다. 학자들은 다니엘이 기록했던 '마지막 때'에 관한 예언을 이해하게 되었고 두 예언 사이의 관계를 밝혔다.

모든 인생이 가는 길

우리는 미래에 대한 불안에서 시작해서 나라나 민족의 장래를 걱정하며 많은 세월을 허송할 때가 있다. 직업 정치인들같이 직업에 따라서는 그것을 입에 달고 사는 사람들도 많다. 그들은 나라 걱정이나 미래의 불안을 생각하다가 그것보다 자신들의 개인적인 인생의 종말이 훨씬 먼저 온다는 사실마저 잊고 걱정하며 산다. 우리가 그것을 깨닫게 되었을 때는 이미 구원의 기회를 놓쳤거나 두려움에 떨다가 가는 곳도 모르고 떠날 뿐이다. 천사는 하나님이 정한 공평한 인생사를 끝으로 누구보다 지혜로운 하나님의 사람 다니엘에게 확인시켜 주었다.

다니엘
한 유대인 포로의 **일대기**

초판 1쇄 인쇄 _ 2022년 3월 1일
초판 1쇄 발행 _ 2022년 3월 5일

지은이 _ 김종수

펴낸곳 _ 바이북스
펴낸이 _ 윤옥초
편집팀 _ 김태윤
디자인팀 _ 이정은, 이민영

ISBN _ 979-11-5877-286-4 03230
등록 _ 2005. 7. 12 | 제 313-2005-000148호
서울시 영등포구 선유로49길 23 아이에스비즈타워2차 1005호
편집 02)333-0812 | 마케팅 02)333-9918 | 팩스 02)333-9960
이메일 bybooks85@gmail.com
블로그 https://blog.naver.com/bybooks85

책값은 뒤표지에 있습니다.
책으로 아름다운 세상을 만듭니다. ─ 바이북스

* 바이북스 플러스는 기독교 신앙의 본질을 담아내려는 글을 선별하여 출판하는 브랜드입니다.